Selbst das glücklichste Leben ist nicht ohne ein Maß an Dunkelheit denkbar.
(C. G. Jung)

Der Salzburger Fotografie-Künstler Sven Kristian Wolf hat eine Fotoserie geschaffen, die er **„Stadt der Schatten"** genannt hat.

Er schreibt dazu auf seiner Website (https://skw-foto.jimdo.com): C. G. Jungs Gedanken begleiten mich seit vielen Jahren. Aber das gedankliche Sich-Beschäftigen reichte mir nicht, um tief genug in Jungs Materie einzudringen. Vielmehr tauchte ich erst mit dem Erstellen der Bilderserie, die beinahe ein Jahr in Anspruch nahm, tief genug in Jungs Gedankenwelt ein, um sagen zu können: Das habe ich verstanden. Insofern war die Erstellung der Serie nicht nur lust- sondern auch schmerzvoll, weil ich mich, angeregt durch Jungs Zitate, zwangsläufig mit mir selbst, mit meinen eigenen Schattenseiten beschäftigen musste.

Aber wie bringt man Gedanken, vielmehr noch Gefühle auf ein Foto? Eine relativ unbekannte Technik zu fotografieren ist die so genannte „ICM-Technik" (intentional camera movement), bei der die Kamera während des Auslösens absichtlich bewegt wird – was mich an das Spielen eines Kontrabasses erinnert. So entstehen, teils geplant, teils dem Risiko überlassen, Bilder, die bei aller Konkretheit dem Betrachter genügend Raum für Interpretation lassen.

(Vgl. dazu auch die Fotos auf den Seiten 46, 100)

Inhalt

EDITORIAL	4
SCHWERPUNKTTHEMA: BEDROHTE ORDNUNGEN	

Bernd Leibig
Bedrohte Ordnungen — 7

Ursula Wirtz
**„Wie Phoenix aus der Asche" –
Zusammenbruch – Durchbruch – Aufbruch** — 15

Ernst Peter Fischer
Schicksale – Der Lauf der Zeit — 19

Christiane Lutz
Gegensatzthematik und Schöpfungsmythen
Das Geheimnis von Chaos und Ordnung,
Regellosigkeit und Struktur, Leben und Tod — 25

Monika Rafalski
Der Regenmacher
Verwerfungen im kosmischen Gewebe
und unsere Verflochtenheit damit — 33

Friederike von Tiedemann
Paare und chronische Erkrankung – Chance zum Wandel? — 39

Dieter Knoll
Wer oder was bedroht die Ordnung? — 47

Johannes Dürr
Bedrohte Ordnungen – What time is it? — 54

Wolfgang Kessler
„Der Immer-Weiter-Schneller-Mehr-Kapitalismus muss aufhören"   **61**

Walter Hollstein
Gesellschaft in Erosion   **67**

Klaus Uwe Adam
Der Sinn der Corona-Krise und die Auswirkungen auf die Menschen   **73**

Christian Kessner
Die Suche nach der Krone
Ein Nachspüren über das Symbol der Krone in Zeit von Corona   **77**

Ludger Verst
„Wo aber Gefahr ist, ..."
Nachforschungen zu einer Nachtmeefahrt   **79**

Volker Hansen
Felix Impfung   **82**

Margarete Leibig
Noch bist Du da   **83**

FÜR SIE GESEHEN
Dieter Volk
Le Havre – Ein Film von Aki Kaurismäki   **85**

REZENSIONEN   **90**

VERANSTALTUNGEN   **101**

IMPRESSUM, QUELLENANGABEN   **104**

Liebe Leserinnen und Leser,

den Titel *Bedrohte Ordnungen* hatten wir in der Redaktion für das Heft Nr. 45 bereits 2019 festgelegt.

In den letzten Jahren ging es uns in Europa offenbar teilweise so gut, dass wir fast vergessen konnten, was Menschen seit Urzeiten immer wieder neu erlebt haben: Not und Krisen, Kriege, Epidemien, Natur- und Umweltkatastrophen, permanente Lebens- und Todesängste. Die in unser scheinbar friedliches und geordnetes Leben hineinragenden kollektiven Gefährdungen der ökologischen, soziokulturellen, wirtschaftlichen und politischen Verhältnisse hatten aber doch schon erhebliche Risse in vielen unserer angenommenen Selbstverständlichkeiten entstehen lassen. Wir konnten zunehmend kollektive Entwicklungen erahnen, die unser individuelles Leben und Wohlbefinden erheblich stören würden. Und dann veränderte im Laufe eines Jahres der Virus SARS-CoV2 unser aller Leben auf eine bis dahin kaum vorstellbare Weise.

„In den schwärzesten Augenblicken liegen oft die schönsten Schätze verborgen" – diesen Satz fanden wir vor Kurzem in einem der vielen Kommentare zu dem seit einem Jahr alles beherrschenden Thema der Pandemie.

Der hoffnungsvolle Trost solcher Sätze kann denen helfen, die eine solche Krise überleben und klingt vielleicht zynisch für diejenigen, die Betroffene und Geschädigte sind. Andererseits bleibt uns in solchen Augenblicken auch nicht viel mehr, als zu hoffen und zu überlegen, was wir besser machen können, wenn es für uns noch einmal gut gehen sollte.

C. G. Jung hegte am Ende seines Lebens, wie er in seinen Erinnerungen schrieb, nur noch eine *ängstliche Hoffnung*, dass das Sinnvolle des Lebens letztlich gewinnen werde.

An anderer Stelle schrieb er: *„Wir glauben an den Wohlfahrtsstaat, an den Weltfrieden, mehr oder weniger an die Gleichberechtigung aller Menschen, an die ewiggültigen Menschenrechte, an Gerechtigkeit und Wahrheit […]. In Wirklichkeit ist es traurige Wahrheit, dass unsere Welt und das Leben aus unerbittlichen Gegensätzen besteht, aus Tag und Nacht, Wohlergehen und Leid, Geburt und Tod, Gut und Böse. Wir sind nicht einmal sicher, dass eines das andere aufwiegt, das Gute das Böse oder die Freude den Schmerz. Leben und Welt sind ein Schlachtfeld, waren es immer schon und werden es immer sein, und wäre dies nicht der Fall, so würde das Dasein bald ein Ende nehmen. Einen ausgewogenen Zustand gibt es nirgends."* (Jung GW 18/1, § 563 f.)

Jung ging von einer polaren Dynamik aller Lebenserscheinungen aus und bezog sich dabei häufig auch auf den vorsokratischen Philosophen Heraklit von Ephesos (um 500 v. Chr.). Dieser sah in dem ewigen Widerstreit und Wandel der Gegensätze, die sich ineinander enthalten, vermischen und immer wieder neu trennen und ausdifferenzieren, das Grundprinzip allen Seins. Aus dem Lebenden würde Totes und aus dem Toten Lebendiges, aus dem Jungen werde Altes und aus dem Alten Junges, der Strom der Erzeugung und des Untergangs stehe niemals still. Heraklits Auffassung wird oft mit den Sätzen: „Der Krieg ist der Vater aller Dinge" und „Alles fließt" (griech. „panta rhei") – zusammengefasst.

Jeder Zustand wird zwangsläufig auf dem Punkt seiner höchsten Ausdehnung abgelöst durch das Hervortreten seines Gegenteils. Dieses Umschlagen nannte Heraklit „Enantiodromie." Jung bezeichnete den Vorgang auch als das „grausame Gesetz" der Enantiodromie (vgl. Jung, 1971, GW 7, § 112).

Die Grausamkeit der Enantiodromie wird immer dann besonders leidvoll erlebt, wenn ein dominanter Zustand allzu sehr auf strikter Unterdrückung und Verdrängung seines Gegenteils aufgebaut ist und sich der neue Zustand im Sinne eines ausgleichenden Anwachsens, Erweiterns und kreativen Integrierens nicht organisch entwickeln kann. Das Verdrängte setzt sich dann individuell wie auch kollektiv „gewaltsam" durch, zeigt dabei oft seine dunkle und schreckenerregende Seite, weil der Einzelne bzw. die Gesellschaft sich weigern, ihre Positionen in Frage zu stellen.

Der Widerstand gegen die Wandlung und eine Veränderung des Bewusstseins kann dann schließlich zu einem leidvollen „Auseinandergerissensein in die Gegensatzpaare" führen (vgl. Jung, 1971, GW 7, § 113). Aus dieser Spaltung entstehe „das merkwürdige Gefühl von Hilflosigkeit, welches das [...] Bewusstsein beschleicht" (ebd. § 562).

Das können wir heute ganz besonders deutlich erleben und erleiden. Unsere Zeiten scheinen auch wirklich noch einmal ganz anders als alle Zeiten zuvor und stellen uns vor nie dagewesene Aufgaben: Der Zusammenprall der Völker und Kulturen, der globale Welthandel, die Überbevölkerung, Umweltverschmutzung und Umweltzerstörung, digitale Vernetzung und Informationsüberflutung bringen uns an den Rand unserer psychischen Belastungs- und Verarbeitungskapazität. Wir finden keinen ruhenden Pol mehr in dem sich immer schneller drehenden Karussell der Einflüsse, Mächte und Kräfte.

Manche Menschen befürchten, das Ende der Menschheit sei nicht mehr aufzuhalten. Die einen reagieren voller Angst mit Gewalt, Feindprojektionen und Verschwörungsfantasien, die anderen ziehen sich regressiv und deprimiert zurück und hoffen, dass durch geduldiges Aushalten und Abwarten irgendetwas irgendwann wieder besser wird.

Diese Arten mit bedrohlichen, aber dringend notwendigen Veränderungen durch Abwehr und passiven Rückzug umzugehen, nennt Erich Neumann in seinem Aufsatz *Frieden als Symbol des Lebens* (1959), den „kleinen Frieden", weil er immer nur kurzfristig Erleichterung bringt. Eine Möglichkeit zu einem tieferen, größeren „schöpferischen Frieden" sieht er darin, dass die Gegensatzspannung grundsätzlich als zur Einheit und Ganzheit des Lebens gehörend bejaht, ausgehalten und immer wieder neu schöpferisch zu beantworten gesucht wird. Das gilt für ihn im Kleinen des persönlichen Individuationsprozesses wie auch im Großen globaler kollektiver Entwicklungen.

„*Im Laufe dieser Entwicklung, die als Integrations- und Zentrierungsprozess beschrieben worden ist, bildet sich etwas, das im Vor und Zurück der Kämpfe, im gewonnenen und wieder verlorenen Frieden als Mitte der Wandlung auch jenseits der Wandlung existiert.*

Dieses Sich-Bilden oder Sichtbarwerden eines ruhenden Poles ist Ausdruck dessen, dass das Ich sich auf etwas zu stützen beginnt, das, von Anfang an vorhanden, erst allmählich sich in seiner fundamentalen Wirklichkeit offenbart. Mit dem Auftauchen der Einheit des Selbst tritt ein neues Friedensmoment und eine neue Ordnung in Erscheinung. Es ist diese Ganzheit [...] welche die Wurzel des größeren Friedens ist, der als Ziel der Gegensatzvereinigung innerhalb der Psyche sichtbar wird. [...]

Dass sich uns unsere unverlierbare Zugehörigkeit zum Schöpferischen immer wieder verstellt und so anscheinend verloren geht, scheint mit zu dem Spiel zu gehören, das wir zugleich spielen und das mit uns spielt.

Der Wind, der außen und innen weht, wo er will, spielt so lange mit uns und macht uns zu seinem Spielball, solange wir ihm Widerstand leisten. Wenn wir für ihn offen und durchlässig werden, geraten wir an das innerste Leben der Welt und von uns selbst und an die Einheitswirklichkeit, in der wir und die Welt zusammengehören.

Erst hier verliert der Mensch das Gefühl, ausgeliefert und verloren zu sein; er wird zum „Wanderer" in der tiefsten Nachgiebigkeit dem Wind des Geschehens gegenüber, das uns nicht mehr als ein Fremdes gegenübersteht, sondern ein Eigenes ist, dem wir folgen [...].

Dieses Innerste ist schöpferisches Leben und Frieden mit sich selbst, ist Heiterkeit und Stille innerhalb von Leben und Tod. [...]

Auch von ihm gilt, was Heraklit vom ätherischen Feuer im menschlichen Körper ausgesagt hat: ‚sich wandelnd, ruht es'." (Neumann, Frieden als Symbol des Lebens, 1959, 2005, § 62 und § 123 f.; kostenloser download bei opus-magnum.de)

Dass auch wir in diesen stürmischen und beängstigenden Zeiten unsere innere Mitte als ruhendes und zugleich sich ständig wandelndes Selbst erfahren und bewahren können, das wünschen uns und Ihnen,

für Ihr Redaktionsteam

Ihre

Anette und Lutz Müller

(Abbildung: artnovielysa AdobeStock 91042406)

Wolle die Wandlung

O sei für die Flamme begeistert,

drin sich ein Ding dir entzieht,

das mit Verwandlungen prunkt;

R. M. Rilke, Sonette an Orpheus

Bedrohte Ordnungen

Bernd Leibig

„Wer Ordnung hält, ist nur zu faul zum Suchen."

Diesen Spruch fand ich als Jugendlicher ganz witzig, denn er bot ja eine gewisse Legitimation für meine jugendliche Unordnung und mein teilweises Chaos.

Heute, viele Jahrzehnte später, ist es nicht mehr die Ordnung, die meinen jugendlichen Expansions- und Oppositionsdrang und die Suche nach dem Eigensein bedroht.

Heute leben wir in Zeiten, in welchen sich viele Menschen auf unterschiedlichen Ebenen in ihrer Ordnung bedroht fühlen. Die politischen Weltordnungen erfahren fundamentale Änderungen. Es kommt zu Kräfteverschiebungen in den Macht- und Einflussstrukturen. Chinas Dominanz wächst unaufhörlich. Amerika versinkt in Desorientierung und Spaltung.

Gesellschaftsordnungen geraten ins Wanken, wenn es möglich ist, dass demokratische Staaten in relativ kurzer Zeit von Demagogen und autokratischen Herrschern dominiert werden, wie wir es in Amerika sehen oder in Polen, Ungarn, Brasilien. Es erzeugt Verunsicherung, wenn wir feststellen, dass demokratische Werte, die in mühevoller Geschichte erarbeitet wurden, uns nicht mehr tragen.

Die zentralste Änderung ist in unserer Zeit die Verschlechterung des Klimas. Ich bezeichne es nicht als Klimawandel, denn dieser neutrale Begriff verschleiert, dass es sich um eine Bedrohung für die Menschen und die Menschheit handelt.

In der derzeitigen Corona-Pandemie erleben wir alle, wie die gewohnten Ordnungen unseres gesellschaftlichen und privaten Lebens durcheinandergeraten, wie gewohnte und bewährte Lebensabläufe nicht mehr funktionieren und nicht mehr aufrechterhalten werden können. Auch im ganz privaten Bereich, wenn etwa durch Trennung und Scheidung Familienstrukturen aufgelöst werden, dann wird dies sehr häufig als existenzielle Bedrohung erlebt. Die wenigen Beispiele sollen darauf hinweisen, dass wir uns darüber Gedanken machen können und müssen, welche psychischen und archetypischen Dimensionen angesprochen sind, wenn es um Ordnungen in einem umfassenden Sinn geht. Dabei geht es natürlich auch um das Chaos. Die Ordnung und das Chaos lassen sich nur gemeinsam denken. Schon Albert Einstein stellte fest:

> Nichts kann existieren ohne Ordnung, nichts kann entstehen ohne Chaos.
> Fischer 2017, S. 26

In vielen Weltentstehungsmythen steht am Beginn das Chaos als ungeordneter Urzustand, aus dem heraus sich dann Ordnungen entwickeln. Dies geschieht oft durch das Trennende. Erde und Himmel müssen getrennt werden, damit etwas in Gang kommt, etwa durch erzürnte oder beleidigte Götter oder durch Naturkatastrophen (die oft den erzürnten Göttern zugeordnet werden).

Oder im Paradiesmythos kommt die Menschheitsgeschichte erst richtig in Gang, als die Menschen erkennen, dass sie nackt sind, d. h. in dem Stadium, als ihre Bewusstseinsentwicklung so weit fortgeschritten ist, dass allmählich eine Selbstreflexion möglich ist. Und es ist ein Bruch mit der gewohnten, paradiesischen Ordnung und eine Übertretung der göttlich empfundenen Vorgaben nötig. Die paradiesische Ordnung hat ausgedient und erfordert den Aufbruch in Neues.

Die Vertreibung aus dem Paradies weist darauf hin, mit welchen emotionalen Verunsicherungen und Herausforderungen wir es zu tun haben, wenn alte Ordnungen bedroht werden.Sie weist aber auch darauf hin, dass es ohne Leid, ohne Regel und Gesetzesverstöße keine neue Ordnung und keinen Fortschritt gibt.

Die Darstellung der Ordnungsstrukturen in alten Menschheitsmythen, Märchen und Geschichten zeigt uns, wie tief in unserer persönlichen und kollektiven Psyche Ordnungsvorstellungen verankert sind, wie bedeutsam das

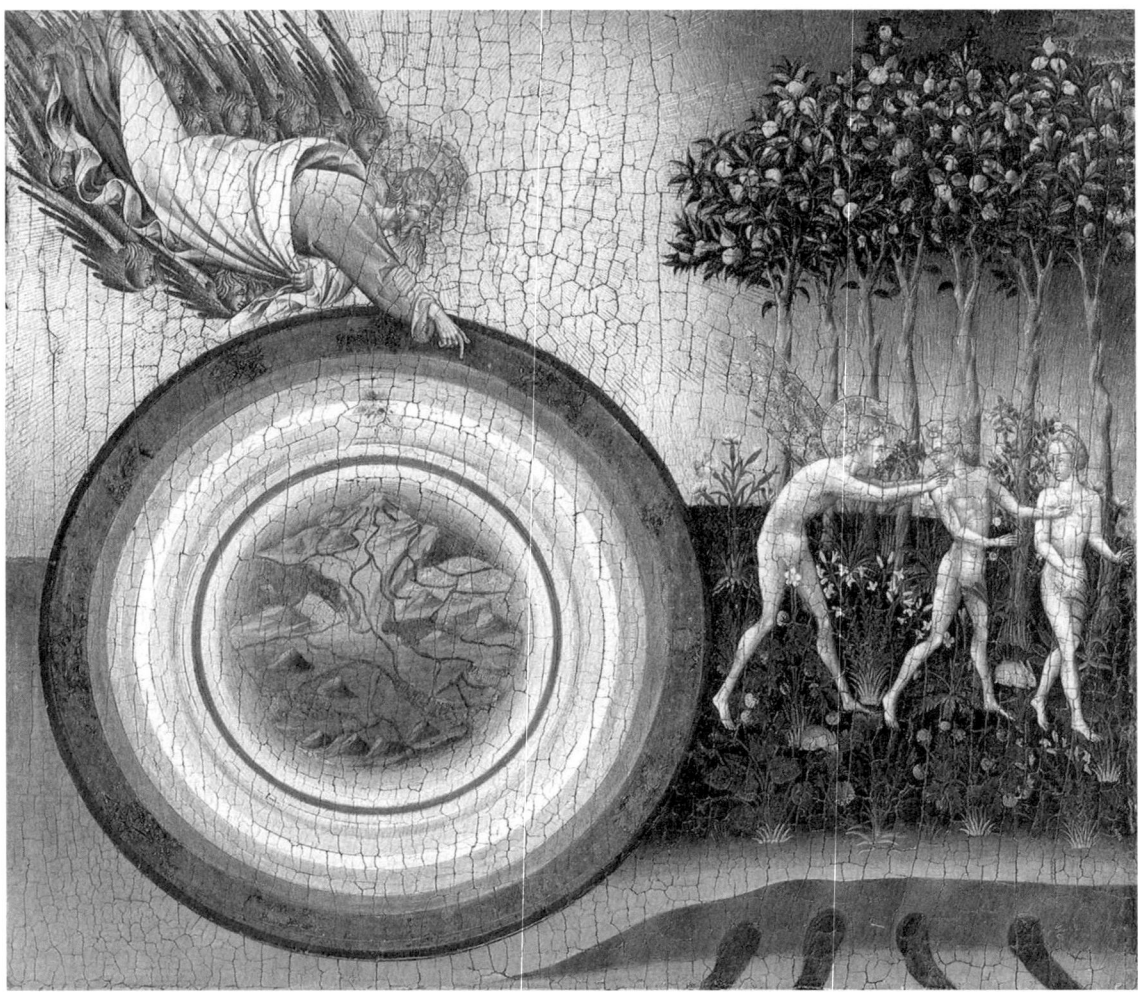

Di Paolo – Schöpfung und Vertreibung aus dem Paradies. Metropolitan Museum, New York

Thema der Ordnung auf psychischer Ebene für uns Menschen ist.

Um zu verstehen, warum Bedrohungen von Ordnungen uns oft so massiv verunsichern und aus der Bahn werfen, soll die innere Bedeutung von Ordnungen in unserer Psyche erörtert werden.

Es gibt in uns ein großes Bedürfnis nach Überschaubarkeit und Sicherheit und nach Vorhersagbarkeit unseres Alltags. Wenn diese Wünsche einigermaßen erfüllt sind, dann entsteht in uns ein Gefühl von Übereinstimmung mit uns selbst und unserer Welt. Es entsteht ein Gefühl von Kohärenz. Der Soziologe Aaron Antonovsky hat untersucht, was zu einem Kohärenzgefühl beiträgt und fand drei Kriterien heraus:

1. Wir haben ein Bedürfnis nach Verstehbarkeit. Wir möchten das Geschehen um uns herum einordnen können, und es soll nach Möglichkeit nachvollziehbar sein. Für Kinder ist es zum Beispiel höchst verunsichernd, wenn etwa die alkoholkranke Mutter oder der Vater an einem Tag zugewandt sind und am nächsten Tag vollkommen abweisend, vorwürflich missgelaunt. Der Wunsch nach Verstehbarkeit reicht bis in unsere Hirnfunktionen.

Eine der wichtigsten Funktionen unseres Gehirns ist es, die Dinge in einen Erklärungszusammenhang zu bringen. Dabei kommt es gar nicht so sehr darauf an, dass die Dinge objektiv stimmen, sondern dass wir an die Erklärungen unseres Gehirns glauben. Der höhere Wert besteht also in der subjektiven

Überzeugtheit und damit in der Schaffung einer geglaubten Ordnung und erst in zweiter Linie in logischer und konsistenter Nachvollziehbarkeit.

Das ist die hirnphysiologische Grundlage für unsere Ideologieanfälligkeit, wie wir sie zur Zeit im Übermaß erleben müssen. Die Anfälligkeit, Fake-News zu glauben oder sehr akzentuierten politischen Haltungen anzuhängen, basiert auf dem Bedürfnis nach Ordnung und Orientierung. Deshalb kommen Politiker, die mit starker, ordnender Hand durchgreifen wollen, oft so gut an.

2. Wir möchten mit dem, was uns in der Welt und in unserem Umfeld begegnet, umgehen können. Dies nennt Antonovsky das Bedürfnis nach Handhabbarkeit. Das beginnt beim Umgang mit technischen Geräten, die wir der Spur nach beherrschen wollen. Vielleicht erinnern Sie sich einmal kurz, welche Gefühle es erzeugt, wenn ein Computer nicht das macht, was wir eigentlich wollen. Das geht von Ärger über Wut bis zu Verzweiflung und Insuffizienzgefühlen, vielleicht aber auch zum Ehrgeiz, sich die notwendigen Kenntnisse anzueignen. Letztlich geht es um das Prinzip der Wirksamkeit.

Es muss nicht immer Selbstwirksamkeit sein. Manchmal genügt es auch, dass wir uns vorstellen, wie hilfreiche Geister mit Problemsituationen umgehen würden. Das können Helden, Hexen, Feen, Halbgötter oder Götter sein. In Imaginationen können wir uns diese Helferwesen vorstellen, und es befriedigt unser Wirksamkeitserleben.

3. Der wichtigste Punkt im Rahmen des Kohärenzgefühls ist das Erleben von Sinn. Das Leben fühlt sich lebenswert an, wenn wir innere Vorstellungen, Werte, Ziele haben, für die wir uns einsetzen, die uns etwas bedeuten. Das kann unser Familiengefühl betreffen, unser Engagement und Mitfiebern für einen Fußballverein, unser Einsatz in der Umweltbewegung sein. Unabhängig von den Inhalten gibt uns der Einsatz von Energie ein befriedigendes und kohärentes Gefühl.

Worin besteht nun auf psychischer Ebene der befriedigende Effekt von Ordnungen? Antwort: Wir bringen eine sinnhafte Ordnung in unser Leben.

In den Ordnungen suchen wir Orientierung. Sie geben den Rahmen zur Einordnung von bestimmten Phänomen. Denken wir an das Periodensystem der chemischen Elemente. Es ordnet die Elemente anhand von Kriterien wie in ein großes Ganzes und erlaubt, chemische Eigenschaften zu bestimmen und auch vorauszusagen.

Um mit der Fülle der Informationen der Welt zurechtzukommen und uns darin bewegen zu können, brauchen wir einen orientierenden Rahmen.

Sie können einen kleinen Selbstversuch unternehmen: Überlegen Sie sich einmal, wer von den Menschen, die Sie kennen, Ihnen am meisten am Herzen liegt, wer am zweitmeisten usw. und wer steht ziemlich weit hinten in Ihrer persönlichen Ordnung? Diese Ordnung gibt Klarheit und kann bei Entscheidungen sehr hilfreich sein. Ordnungen helfen also auch gegen Diffusität und Unüberschaubarkeit.

Solche subjektiven Ordnungen variieren und ändern sich natürlich auch mit der Zeit. Zu starkes Festhalten an den Ordnungen macht unflexibel. Die Zwanghaftigkeit (z. B. als Kontrollzwang, Zählzwang, Sauberkeitszwang) kann als Versuch verstanden werden, ein bedrohtes psychisches Unordentlichkeitsgefühl wieder in eine Ordnung zu bringen.

Unsere Bilder von der Welt, unsere Weltbilder, sind alles Bilder auf der Grundlage von bestimmten Ordnungsvorstellungen. Es sind Ideen, wie wir uns die Welt vorstellen und wie die Welt zu sein hat.

Im Laufe der Evolution hat sich unser Gehirn angewöhnt, Ordnungen herauszufinden, sie zu suchen oder Ordnungen herzustellen. Es ist eine der wesentlichen Funktionen unserer Psyche, Ordnungs- und Interpretationsmuster zu haben, denn sie geben uns Orientierung und Halt. Der Drang, Ordnungsschemata zu empfinden, ist so groß, dass der subjektive Gehalt von Informationen erheblich höher veranschlagt wird als die objektiven Tatsachen.

Unser Gehirn ist darauf eingestellt, Ordnungsmuster zu sehen, zu finden oder auch zu erschaffen. Denken Sie an die optischen Täuschungen, die überwiegend darauf beruhen, dass unser Gehirn etwas sehen möchte, dass z. B. zwei waagrechte Linien unterschiedlich lang sind, obwohl sie objektiv gleich lang sind.

Der Kontext der Linien (die gegenläufigen, gefiederten Pfeilrichtungen) wird benutzt, um

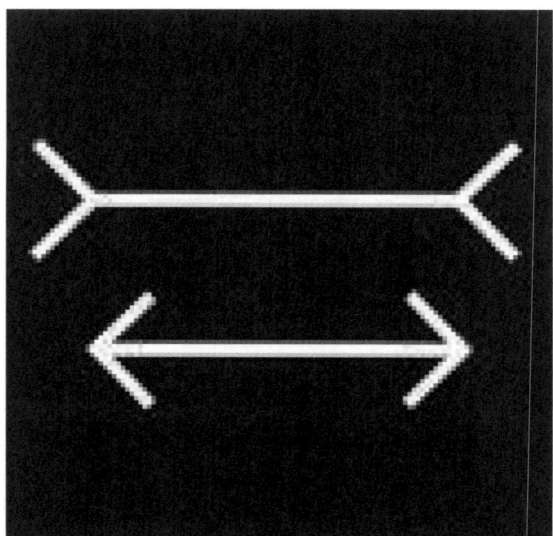

Die Müller-Lyer-Täuschung ist eine sehr bekannte geometrisch-optische Täuschung. Die obere Linie erscheint länger als die untere.

der subjektiven Sichtweise zu ihrem Recht zu verhelfen. Man könnte sagen: Für das Gehirn kann nicht sein, was nicht sein darf, weil es nicht in das archetypische Ordnungsbedürfnis passt.

Ein weiteres Beispiel sind von oben beleuchtete Flächen einer offenen Halbkugel, die wir so empfinden, dass sie nach unten weisen, obwohl das objektiv nicht der Fall ist. Denn in der Evolution hat das Gehirn die Erfahrung gemacht, dass die Lichtstrahlen von oben kommen und dunklere Teile deswegen unten sein müssen. Der Archetyp der Ordnung „will" also nach seinen Vorgaben bestimmen, wo oben und unten ist.

Warum? Weil wir es seit Millionen von Jahren gewohnt sind, dass das Licht von oben kommt. Wenn also etwas von oben, vom Himmel bestrahlt wird, dann muss dort „oben" sein. Das Gehirn schafft also seine eigenen Ordnungen. Unser subjektives Bedürfnis schafft Ordnungen. Und unsere evolutionär bedingten Erfahrungen schaffen auch Ordnungen.

Es gibt ein starkes Bestreben unserer Psyche nach Eindeutigkeit. Auch auf symbolischer Ebene besteht ein ausgeprägter Ordnungswunsch. Oben ist hell und klar. Unten ist dunkel und finster. Das Gute ist hell, das Böse ist dunkel. Auf politischer Ebene: Wir wünschen uns die Demokratie als anstrebenswerte Gesellschaftsordnung und tun uns sehr schwer, wenn wir feststellen müssen, dass autokratische Systeme von Polen über Ungarn bis hin zur USA die Vormacht gewinnen. Das widerstrebt sozusagen unserem politischen Ordnungsbedürfnis und wird mit Recht als Bedrohung erlebt.

Bedrohungen eines etablierten Ordnungssystems gab es auch in der kosmologischen Weltanschauung. Welche Mühen bereitete es, vom geozentrischen zu einem heliozentrischen Weltbild zu gelangen. Vor Kopernikus war die Erde eben das gefühlte und damit gewollte Zentrum der Welt.

Bei Johannes Kepler können wir seinen inneren Kampf zwischen zwei Ordnungen nachzuvollziehen: Vor der Jahrhundertwende um 1600 wurde die runde Kreisbahn der Planeten als Ausdruck der göttlichen Ordnung verstanden. Nur eine kreisrunde Bahn konnte die Vollkommenheit Gottes angemessen aufzeigen. Als gläubiger Christ unterlag auch Kepler dieser vom Trinitätsgedanken geleiteten Vorstellung.

Die damalige Datenlage durch die genauen Beobachtungen von Tycho Brahe stellten allerdings erhebliche Widersprüche in diesem gewünschten Ordnungsschema bloß. Die auftretenden Inkonsistenzen zwischen der Beobachtung der Planeten einerseits und dem alten kosmologischen Weltbild andererseits ließen sich nicht mehr integrieren und bedrohten das alte Weltbild. In einem schwierigen inneren Prozess musste Kepler die Idee der Kreisbahn aufgeben und die tatsächlich zugrunde liegende elliptische Bahn der Planeten postulieren.

Der innere Kampf war nicht nur ein naturwissenschaftlicher Kampf. Denn es war ja nicht nur die Anschauung der Planetenbahn bedroht, sondern die Vorstellung von der Perfektion Gottes wurde dadurch infrage gestellt. Welche Schwierigkeiten es mit sich bringt, solche neuen Ordnungen zu akzeptieren, zeigt etwa die katholische Kirche, die sage und schreibe 400 Jahre braucht, um die Verurteilung des Galileo Galilei zurückzunehmen. Da sind inzwischen schon ein paar neue kosmologische Vorstellungen entstanden, über ein expandierendes Universum, mögliche Paralleluniversen und schwarze Löcher.

„"Das Selbst ist die Summe aller Paradoxien." (C. G. Jung) In den Mandalagestaltungen kann man den Versuch des menschlichen Geistes sehen, in der chaotischen Dynamik, Komplexität, Polarität und Vieldimensionalität der Existenz doch auch eine letzte Ordnung, Schönheit und Harmonie zu sehen. Die Abbildung zeigt ein Kalachakra-Mandala (Rad der Zeit) des tibetischen Buddhismus.

Wir sind hier mit der archetypischen Dimension der Thematik von Ordnung und Chaos konfrontiert. Das Mandala, das Kreissymbol, wurde schon von C. G. Jung als zentrales Symbol des Selbst und des Individuationsprozesses gesehen. Es bietet uns ein Projektionsbild für unser Bedürfnis nach vollständiger Ordnung an. Dabei wurde aber die andere Seite des Archetyps, das Chaos, das Unvollständige, das Ungeordnete zu wenig gesehen. Es gab in der Theorie der Analytischen Psychologie immer auch schon Stimmen, denen es viel zu rund, zu geordnet, aufgeräumt und geradlinig zuging.

Die moderne Chaostheorie hat ein Bewusstsein dafür geschaffen, dass chaotische Zustände, also rückgekoppelte Zustände, wesentlich sind, damit etwas kreatives Neues entstehen kann. Komplexe Systeme, wie etwa das menschliche Gehirn, sind aus sich heraus chaotisch und kreativitätsfördernd.

Und gleichzeitig ist unser Gehirn auch – zumindest meistens – hinreichend geordnet,

„Man muß noch Chaos in sich haben, um einen tanzenden Stern gebären zu können." (Nietzsche)
(Foto: Blue Planet Studio Disco Stern AdobeStock 323255640)

um das Leben zu stabilisieren, um Verlässlichkeit und auch Planbarkeit zu ermöglichen. Wir brauchen sowohl die Ordnung als auch das Chaos. Bei Friedrich Nietzsche heißt es in der Vorrede zu Zarathustra:

Man muß noch Chaos in sich haben, um einen tanzenden Stern gebären zu können.

Die Ellipse scheint mir für das Abrücken von der Idee nur eines Zentrums ein gutes Symbol zu sein. Denn sie hat zwei Brennpunkte und repräsentiert somit, dass es nicht nur ein Zentrum gibt, den Kreismittelpunkt als Zentrum des Selbst, sondern dass es um Beziehungen und unterschiedliche Perspektiven sowie Wechselwirkungen und Resonanzen geht.

Man könnte es so ausdrücken: Wir sind auf dem Weg vom ausschließlichen Einheitsdenken zu einem Beziehungsdenken, bei welchem alles mit allem resonant verbunden ist. Wenn wir heute die – oft heftigen –Reaktionen der menschlichen Psyche auf bedrohte Ordnungen untersuchen, ist es also wichtig zu beachten, welche stabilisierende Funktion ideelle, idealisierende und ideologische Haltungen für unsere Psyche haben. Gerade die Einbettung von Ideen und Erfahrungen in höhere, transzendente religiöse und quasi-religiöse Zusammenhänge macht es so schwer, alte Ordnungssysteme aufzugeben, sich von etwas zu trennen, und lässt die Menschen neue Erfahrungen als existenziell bedrohlich erleben.

Die scheinbar so exakte Naturwissenschaft bietet ebenfalls immer wieder Beispiele, wie schwer es ist, alte Ordnungsideen aufzugeben. In der Physik wurde durch die Quantenphysik unser Ordnungsbedürfnis auf die Probe gestellt. Welches orientierende Ordnungsschema war durch die Quantenphysik bedroht? Das Denken in Kategorien von „entweder – oder" von „ja oder nein" ist natürlich die leichtere, angenehmere und einordnende Haltung. Dies lässt sich unter den Bedingungen der neuen Physik nicht aufrechterhalten. Jetzt geht es um eine neue Anschauungsweise des „sowohl – als auch", um das Eine UND das Andere, um richtig UND falsch zugleich. Das ist eine enorme

Herausforderung, die manchmal das menschliche Einordnungsbedürfnis überfordert.

Schon für C. G. Jung geht es im Individuationsprozess immer darum, dass wir die Polaritäten in ihrer ganzen Fülle ausloten und dass wir uns nicht unreflektiert auf nur einen Standpunkt stellen, der uns plausibel erscheint und uns mit diesem einen Standpunkt identifizieren.

Wolfgang Pauli sprach in diesem Zusammenhang von „einer mit klassischen Anschauungen nicht erklärbaren Art von Zweideutigkeit". Um die Ganzheit zu erfassen, um ein möglichst vollständiges Erkennen der Welt zu gewährleisten, brauchen wir sowohl die rationale wie auch die außerrationale Herangehensweise mit unseren Erkenntnisorganen.

Da das Eindeutigkeitsbedürfnis aber so stark in unserer Psyche verankert ist, tun sich Physiker auch knapp 100 Jahre nach der ersten Beschreibung der Quantenphysik, so schwer mit diesem verrückten, das heißt mit diesem unordentlichen – aber höchst exakten – System.

Was war geschehen? Durch die Relativitätstheorie und die Quantenphysik wurde die etablierte Newton'sche Feldphysik infrage gestellt. Die Newton'sche Physik hatte bis zum Jahr 1900 recht gut funktioniert: Der Apfel fiel gravitationsgerecht und ordentlich vom Baum und dann auch meistens nicht weit vom Stamm. Das ließ sich alles bestens voraussehen und berechnen.

Max Planck konnte im Jahr 1900 (übrigens das Geburtsjahr von Wolfgang Pauli) bestimmte physikalische Versuche nur so interpretieren, dass Energie nicht kontinuierlich, sondern in kleinen Bündeln (Quanten) auftritt. Diese Anschauung bedrohte die alte und bewährte Physik und ließ sich mit ihr nicht mehr in Übereinstimmung bringen.

Selbst Einstein, der mit seiner Relativitätstheorie über Raum und Zeit für die Entwicklung der Quantenphysik bedeutsam war, konnte diese neue Ordnung nicht wirklich anerkennen.

Mit der neuen Physik war auch sein altes Gottesbild bedroht. Er sagte, bezogen darauf, dass in der Quantenphysik der objektive Zufall wirksam ist: „Gott würfelt nicht." Und er sprach davon, dass er nicht an die „spukhaften Fernwirkungen" glaube, wie man sie durch die Verschränkungen der kleinsten Teilchen feststellen kann. Niels Bohr, einer der wichtigsten Mitentwickler der Quantentheorie, sagte übrigens einmal zu Einstein, er solle endlich aufhören, Gott Vorschriften zu machen.

Hier kommt der Quantenphysiker Wolfgang Pauli (Nobelpreis 1945) ins Spiel. Pauli war ein intimer Kenner der Relativitätstheorie. Er hatte bereits mit 19 Jahren eine umfangreiche Abhandlung über die Relativitätstheorie in der anerkannten *Enzyklopädie der Mathematischen Wissenschaften* geschrieben. Er geißelte Einstein für sein Festhalten an der alten physikalischen Ordnung, indem er diese Fixierung als dessen *neurotisches Missverständnis* bezeichnete, mit dem Einstein an der „ausgequetschten Zitrone der Newton'schen Physik" festhielt. Pauli war bekannt für seine klaren und manchmal vor den Kopf stoßenden Worte. Einstein reagierte darauf verständlicherweise etwas indigniert.

Pauli hatte in jahrzehntelanger Zusammenarbeit gemeinsam mit C. G. Jung ein neues Ordnungsschema vorgeschlagen, indem er dem wissenschaftlichen Prinzip der Rationalität und der Kausalität gleichberechtigt die Akausalität gegenüberstellte. Dieses Ordnungsprinzip nannten Jung und Pauli Synchronizität bzw Sinnkorrespondenz.

Ausschlaggebend für Pauli war die Erkenntnis, dass zur Erfahrung der Ganzheit nicht nur die logische Rationalität genügt. Er entwickelte ein Wissen und ein Gefühl für ungewusste, rational nicht erklärbare Sinnzusammenhänge im Hintergrund unserer Welt.

So schrieb Pauli, dass „Theorien aus vom empirischen Material inspiriertem Verstehen zustande kommen" (Atmanspacher, 1995, S. 46). Eine wundervolle Formulierung ist dies dafür, dass Rationalität und Kausalität unsere Wirklichkeit nicht in ihrer Gänze und in vollem Umfang erfassen können. Sondern unsere Vorstellungen und Theorien sind lediglich von empirischem Material inspiriert.

Und das schrieb der Physiker Wolfgang Pauli, der mit Heisenberg, Bohr und anderen wesentlich die Quantenphysik mit entwickelt hat, ohne die heute ein Großteil unserer technischen Geräte nicht funktionieren würden.

Aber Pauli ist sich auch über die Gratwanderung zwischen den Ordnungspositionen bewusst. Er schreibt wenige Jahre vor seinem Tod im Dezember 1958, also mit nur 58 Jahren:

> Ich glaube, dass es das Schicksal des Abendlandes ist, diese beiden Grundhaltungen, die kritisch rationale, verstehen wollende auf der einen Seite und die mystisch irrationale, das erlösende Einheitserlebnis suchende auf der anderen Seite, immer wieder in Verbindung miteinander zu bringen. In der Seele des Menschen werden immer beide Haltungen wohnen ... Ich glaube, als Abendländer müssen wir uns diesem Prozess anvertrauen und das Gegensatzpaar als komplementär anerkennen.
> (Atmanspacher, 1995, S. 46)

Es geht Pauli und Jung um zeitlose, archetypische, universale Ordnungsprinzipie. Weil die Synchronizität, bzw. die gleichzeitige Anerkenntnis von rationalen und irrationalen oder außerrationalen Einwirkungen nicht unserem unmittelbaren Ordnungsbedürfnis entspricht, ist der Individuationsprozess mitunter so schwierig.

Ein wichtiges Kriterium eines Archetyps ist die tiefe Verankerung und emotionale Bedeutung der Phänomene in unserer psychischen Natur. Dies kann das Erleben des Vaters, der Mutter oder des Helden sein. Es kann aber auch das gleichermaßen tiefe Bedürfnis nach Ordnung und damit Orientierung sein. Wir können nicht so einfach darauf verzichten, uns zu orientieren, weder in der Welt noch in unserem eigenen Selbst.

Solche Orientierungsfragen sind immer auch Identitätsfragen. Wer bin ich heute, wenn ich nicht mehr der Gleiche bin wie früher? Woran soll ich mich halten? Wenn wir in solche Fragen eintauchen, bekommen wir ein Gefühl für die Bedrohung, die Angst, die Orientierungslosigkeit, manchmal auch den Selbstverlust.

Und dies äußert sich dann durchaus in den Phänomenen, wie wir sie aktuell im Rahmen der Corona-Pandemie erleben: In höchst emotional aufgeheizten Stimmungen werden kontrafaktische Meinungen im Brustton der Überzeugung kundgetan. Dem etwas distanzierten Beobachter erschließen sich solche akzentuierten Haltungen bei ansonsten durchaus gescheiten Menschen nicht, solange wir die tiefe innere psychische Verunsicherung durch die bedrohte Ordnung nicht einbeziehen.

Angesichts der überragenden Bedeutung, die Ordnungen und Ordnungsschemata für unsere menschliche Psyche haben, kann man durchaus von einem Archetyp der Ordnung sprechen, Ordnung verstanden als eine zentrale Grundkonstante und ein Grundbedürfnis in unserer Psyche. Daraus kann Entwicklung entstehen.

Bedrohungen von Ordnungen erreichen uns also in unserem ganzen Menschsein. Sie sind existenziell und stellen somit höchste Anforderungen an unsere Psyche, in angemessener Weise konstruktiv mit der Bedrohung umzugehen.

Literatur

Atmanspacher, H. et al. (1995). *Der Pauli-Jung-Dialog und seine Bedeutung für die moderne Wissenschaft.* Berlin: Springer.

Fischer, E.P. (2014). *Brücken zum Kosmos.* Lengwil: Libelle.

Fischer, E.P. (2017). Hinter dem Horizont. Hamburg: Rowohlt.

Bernd Leibig
Facharzt für psychotherapeutische Medizin, Dozent, Lehr- und Kontrollanalytiker am C. G. Jung - Institut Stuttgart, Paartherapeut, Traumatherapeut, niedergelassen in eigener Praxis in Ammerbuch-Entringen.

„Wie Phoenix aus der Asche"
Zusammenbruch – Durchbruch – Aufbruch

Ursula Wirtz

Magier, der den Phönix aus der Unterwelt evoziert. (Foto: Grandfailure, AdobeStock 268857877)

Ich habe für meine Überlegungen zum Thema der bedrohten Ordnungen das Bild des Phoenix gewählt, denn dieses Symbol der Auferstehung und Erneuerung, der Vogel, der sich aus dem Nest erhebt und neugeboren aus der Glut hervorgeht, hat eine schöpferische Komponente. In Zeiten existenzieller Bedrohung, wie die der Pandemie, die wir gerade erleben, blühen Katastrophenfantasien und apokalyptische Szenarien, und gerade dann bedarf es zur kreativen Bewältigung dieser Schwellensituation das Symbol des Phoenix als archetypisches Bild der Regeneration. Interessanterweise hatte die Familie Jung ursprünglich einen Phönix als Wappentier. Zwar wurde von Jungs Großvater dieses Element des Wappens geändert, aber das Thema Wandlung und Erneuerung blieb für Jung ein zentrales Anliegen seines Werkes.

Der sich aus der Asche erhebende Phönix ist das Logo des S.E.N. (Spiritual Emergence Network), eines Netzwerks für spirituelle Entwicklung und Krisenbegleitung. Dieses mythologische Wesen steht als Symbol für das ewige Stirb-und-Werde, für die Einsicht, dass alle tiefen Entwicklungs- und Transformationsprozesse in ihrem Kern immer einen Todes- und einen Wiedergeburtsprozess enthalten.

Wir werden gegenwärtig von einer unsichtbaren Bedrohung als Geisel gehalten, die uns mit enormer Angst, Hilflosigkeit, Verwirrung und Orientierungslosigkeit konfrontiert, während wir erleben, wie die Welt zum Stillstand kommt und das vertraute Ordnungsgefüge zerbricht. Zusätzlich sind wir mit gesundheitlichen, sozialen, wirtschaftlichen und politischen Notlagen konfrontiert.

Ein Gefühl des Untergangs liegt in der Luft, der Bodenlosigkeit und Ungewissheit, der drohenden Katastrophe; beängstigende Bilder brechen aus dem kollektiven Unbewussten hervor. Einige meiner Patienten haben das Gefühl, in eine kollektive Psychose zu versinken, ohne die integrierende Kraft einer Instanz, die dem Erleben Konsistenz, Kohärenz und Dauer verleiht.

Jung hielt das kollektive Unbewusste für die Quelle sowohl heilender als auch zerstörerischer Eigenschaften. Die bedrohten Ordnungen aktivieren das Unbewusste und wir werden überflutet mit apokalyptischen Bildern. Viele Menschen fürchten, dass Mutter Erde sich rächt für das, was wir ihr angetan haben, und der Zusammenbruch des Ökosystems und unser Profitdenken ungebremsten Wachstums spiegeln, wie wir dabei sind, unsere Welt zu zerstören.

Kann diese globale Krise zu einem Übergang werden, einem Durchbruch zu einem weiseren Umgang mit unseren Ressourcen?

Von Einstein konnten wir lernen, dass nichts existieren kann ohne Ordnung, dass aber auch nichts entstehen kann ohne Chaos. Wir brauchen Chaos auf unserem Individuationsweg; wenn chaotische Zustände in eine neue Ordnung umgewandelt werden, vollzieht sich ein Prozess, der über Zusammenbruch und Durchbruch zum Aufbruch führt.

Jung hat solche wundersamen archetypischen Wandlungsprozesse beschrieben:

> Sein Anfang ist fast stets charakterisiert durch eine Sackgasse oder sonstige unmögliche Situation; sein Ziel ist, allgemein ausgedrückt, Erleuchtung oder höhere Bewusstheit, womit die Ausgangssituation auf einer höheren Ebene überwunden wird.
> (Jung, GW 9/I, § 82)

Wenn die kollektiven Ordnungen bedroht werden, geschieht es, dass wir uns der Unverfügbarkeit unseres Schicksals bewusst werden, unseres hilflosen Ausgeliefertseins an die Widerfahrnisse des Lebens. Wir sind dieser Grundangst vor dem Nichts, der Angst vor dem Leiden und der Zufälligkeit in Hinblick auf eine übergeordnete schicksalhafte Notwendigkeit unumgänglich ausgesetzt.

Wenn individuelle und kollektive Lebensentwürfe zerbrechen, wenn der vertraute Wertekosmos erschüttert wird und die Welt aus den Fugen gerät, dann wächst kompensatorisch auch die Sehnsucht nach Stabilität und Bewältigung dieser Bedrohungskonstellationen, ohne in Feindbildprojektionen flüchten zu müssen. Die Sinn-Suchbewegungen nach zerbrochenem Selbst- und Weltbild verweisen auf die Sehnsucht wieder „ganz" zu werden, den Wunsch nach erweiterten Erkenntnishorizonten zur Kontingenzbewältigung und weiserem Umgang mit uns selbst und der Welt. Oft sind es die individuellen und kollektiven Katastrophen, die uns heimsuchen und zu einer Umkehr zwingen, einem inneren und äußeren Kurswechsel.

Konfrontiert mit dem Verlust eines tragenden Fundamentes erleben wir uns wie in einem liminalen Zustand des Übergangs, wir sind nicht mehr, die, die wir einst waren und noch nicht die, die wir werden wollen. Nichts ist sicher, Vieles scheint offen und entzieht sich einem kontrollierenden Zugriff.

Hilfreich scheint es, sich auf die Analogie zu besinnen, dass der Mensch ein lebendiges lernfähiges Netzwerk ist, ein „System", das wenn es auch durch Reizüberflutung zusammengebrochen ist, wie in traumatischen Grenzzuständen, trotzdem in der Lage ist, sich zu reorganisieren, und zwar auf einem höheren Funktionsniveau.

Diese Erneuerung und Stabilisierung nach einem Zusammenbruch ist mit dem Begriff der Emergenz beschrieben worden. Die Analytische Psychologie geht von einer inhärenten seelischen Selbstheilungsenergie aus, die bestrebt ist, sich mit dem zu verbinden, was fehlt, um wieder „ganz" zu werden. Diese Heilungsenergie erwächst aus der Auseinandersetzung mit dem Lebensfeindlichen, denn erst dort, wo wir aufgebrochen sind, kann sich Neues einen Weg bahnen. Wir sind zur Selbsttranszendenz fähig, zu einer Ausweitung unserer Persönlichkeit zugunsten einer freieren und über uns hinausweisenden Sicht auf uns selbst und das Ganze.

Die Erfahrung unserer eigenen Vulnerabilität, die Zerbrechlichkeit der Konstrukte, die wir uns von der Welt und unserer Identität gemacht haben, der Zerfall der bestehenden Ordnung und die Bedrohung des kulturellen Wertekanons zwingen uns zu Einkehr und Umkehr, zu einem tief greifenden Bewusstseinswandel. Wenn der gegenwärtige Alarmismus nicht zu Fixierung und Versteinerung führen soll, dann müssen wir einen seelischen Zustand anstreben, in dem wir individuell und kollektiv beginnen mit unserem „[...] Wesen zu experimentieren, wo nichts mehr für immer gegeben und hoffnungslos versteinert ist, eines Zustandes der Flüssigkeit, der Veränderung und des Werdens." (Jung, GW 16, § 99)

Verstrickt in die paradoxe Vielfältigkeit einer modernen Welt, die keine äußeren Gewissheiten mehr kennt, haben wir uns zunehmend uns selbst entfremdet. Es braucht eine Metanoia, der griechische Begriff für eine veränderte Lebensauffassung, eine Sinnesänderung und Herzensöffnung, einen Durchbruch zu einer neuen Weltsicht.

Hier wird eine archetypische Vorstellung deutlich, dass wir an Widerständen und Hemmnissen wachsen können, dass wir – wie in der Natur an Bäumen zu beobachten ist – um die verletzten Stellen und Hindernisse herum weiterwachsen, sie – wie Jung formulierte – „überwachsen".

Januskopf, Vatikanmuseum, Rom (wikimedia)
Janus ist ein römischer Gott allen Ursprungs, des Anfangs und des Endes. Er symbolisiert die Polarität in den ewigen Gesetzen, wie etwa Schöpfung/Zerstörung, Leben/Tod, Licht/Dunkelheit, Anfang/Ende, Zukunft/Vergangenheit usw. Er ist die Erkenntnis, dass alles Göttliche immer einen Gegenspieler in sich birgt. Beide Seiten der Dualität entziehen sich dabei immer einer objektiven Wertung und sind damit weder gut noch schlecht. (Wikipedia).

Solche Wandlungsprozesse des über sich selbst Hinauswachsens, solche Hoffnungszeichen, nach dem Zusammenbruch der alten Ordnung einen Durchbruch zu neuen Sinnhorizonten zu wagen, solches Vertrauen in unsere schöpferischen Handlungskompetenzen brauchen wir in dieser Wendezeit.

Wir müssen uns wieder als wandelbar begreifen, als anpassungsfähig an aversive Lebensumstände, als lernfähig nach erschütterten Ordnungen. Die Bedrohung unserer vertrauten Seinsweise ruft nach einer Reinterpretation unserer Sichtweise auf die Welt, in der wir leben. Unsere Psyche hat einen fluiden Charakter, Identität konstituiert sich in ständigem Wandel, nichts bleibt wie es war, erst im Spiel mit den Möglichkeiten entsteht Wirklichkeit. Manchmal bedarf es der Katastrophen, um die Seele und unseren Gedankenflug zu befreien und das Bewusstsein zu transzendieren. Schon von Jaspers konnten wir lernen, dass Grenzsituationen des Scheiterns die Möglichkeit in sich bergen, zur Selbstwerdung beizutragen.

Ein weiterer wichtiger Begriff der Analytischen Psychologie zum Verständnis von Wandlungserfahrungen ist die Enantiodromie. Jung verweist damit auf Seelenbewegungen heilender Neuorganisation der Persönlichkeit, den Umschlag in das Gegenteil. Er war mit Heraklit davon überzeugt, dass jedes Extrem plötzlich in sein Gegenteil übergehen kann und eine neue Einstellung geboren wird. Der heilende Umschwung in das Gegenteil geschieht in der Regel erst aus der völligen Verlorenheit im Heillosen, dann, wenn man glaubt, völlig am Ende zu sein, und gänzlich verzweifelt und hoffnungslos ist.

Spirituelle Traditionen wie der Zen-Buddhismus provozieren einen solchen Zusammenbruch beispielsweise durch die Arbeit mit den Koans. Die Paradoxie und rationale Unauflösbarkeit dieser Koans stürzt in Verzweiflung; die Hoffnungslosigkeit, eine richtige Antwort auf eine unlösbare Frage zu finden, zermürbt das Ich bis zum Punkt der Desintegration. Nach dem Zusammenbruch erfolgt ein Durchbruch mit maximaler Klarheit der Einsicht und Durchsicht, eine Form des Erwachens. Solche enantiodromischen Erfahrungen des Transzendierens sind charakteristisch für traumatische Erfahrungen.

Wir sind herausgefordert in dieser Zeitenwende des Untergangs alter Gewissheiten und Sicherheiten, einen gigantischen Übergang zu wagen. Vielleicht kann uns das Janusgesicht des römischen Gottes der Pforte, mit seinem zurückblickenden und vorausschauenden Kopf etwas über die Phasen der Wandlung lehren, das Werden und Vergehen, das archetypische Muster von „Stirb und Werde".

Im gesellschaftspolitischen und ökonomischen Bereich braucht es jetzt angesichts der erschütternden Grenzerfahrungen potenzialorientiertes Denken und innovatives Handeln, aber auch die Offenheit für das rettende Eingreifen unbewusster Kräfte, die uns von der Illusion der Machbarkeit und Unverwundbarkeit befreien und unser kleines Ich relativieren.

In der Schweiz spiegelte der Film *Die göttliche Ordnung* (2017) den Zusammenbruch einer patriarchalen Struktur, für die Emanzipation und Stimmrecht der Frauen ein Fluch, eine Sünde der Natur und ein Verstoß gegen die göttliche Ordnung sei. Mit Ironie, Humor und Tiefsinn wird in diesem Filmdrama Einblick gewährt in eine reaktionäre, kleinbürgerliche Gesellschaftsstruktur mit einem *Aktionskomitee gegen die Verpolitisierung der Frau*. Gleichzeitig sehen wir den Zusammenbruch der alten „heiligen" Ordnung, den erkämpften Durchbruch zu Frauenrechten und den Aufbruch von Frauen und Männern zu einem gleichberechtigten Miteinander.

Vielleicht können wir uns nach dem Zusammenbruch der patriarchalen Ordnung und den Phasen der Introversion der Pandemie nach vorwärts träumen, vielleicht ein antizipatorisches Bewusstsein einer anderen, liebenderen Gesellschaft, einer besseren Welt entwickeln. Wenn sich unser Bewusstsein in eine einseitige und falsche Einstellung verirrt hat, dann braucht es Visionen, Bilder und Symbole, um das seelische Gleichgewicht wiederherzustellen.

Vielleicht haben wir den shutdown benutzt, die eigenen Quellen zu revisionieren, sich wieder ans Eigene anzuschließen, sich rückzuverbinden (Religio) und die Spaltung zu überwinden. Albert Camus mag uns in den Sinn gekommen sein mit seiner Aussage: „Mitten im tiefsten Winter wurde mir endlich bewusst, dass in mir ein unbesiegbarer Sommer wohnt."

Vielleicht ist in den Zeiten der nigredo auch das Wünschen als Lebenselixier neugeboren, und wir haben Utopien entwickelt für den Aufbruch in eine Welt, „in der es leichter wäre, gut zu sein" (D. Sölle), eine Welt, die geprägt ist von einer neuen Art zu denken, fühlen, wohnen, arbeiten, leben und lieben. Vielleicht gelingt dann ein Durchbruch und Aufbruch zu einem selbstbestimmten, sinnerfüllten Leben für Alle, eine menschengerechtere multikulturelle Gesellschaft, in der Andersartigkeit und Gleichwertigkeit zusammengedacht werden und wir die Geschwisterschaft alles Seienden erfahren.

Literatur

Camus, A. (1957). *Heimkehr nach Tipasa*. Aus dem Französischen von Monique Lang. Zürich: Arche.

Jung, C. G. (1971). *Praxis der Psychotherapie*. GW 16. Olten: Walter.

Jung, C. G. (1976). *Die Archetypen des kollektiven Unbewußten*. GW 9/1. Olten: Walter.

Jung, C. G., Jaffé, A. (1987). *Erinnerungen, Träume, Gedanken von C. G. Jung*. Olten: Walter.

Wirtz, U. (2018). *Stirb und Werde. Die Wandlungskraft traumatischer Erfahrungen*. Zürich: Patmos.

Ursula Wirtz
Dr. phil., analytische Psychotherapeutin in freier Praxis in Zürich, Dozentin, Lehranalytikerin und Supervisorin am Internationalen Seminar für analytische Psychologie Zürich, ISAP und Ausbildnerin für Jung'sche Psychologie in Osteuropa. Einzel- und Teamsupervision mit Schwerpunkt Trauma. Internetseite: www.wirtz.ch

Schicksale – Der Lauf der Zeit

Ernst Peter Fischer

In diesem Beitrag werden drei Formen von „Bedrohten Ordnungen" vorgestellt – eine physikalische, eine historische und eine persönliche Gefährdung, und zwar in dieser Reihenfolge. Zuerst die Physik, die dazu ein Gesetz kennt, dann die Geschichte, in der das große Schicksal seinen Lauf nimmt, und dann der einzelne Mensch, der an seinem eigenen verzweifeln kann.

Die Entropie

Zu den berühmtesten Sätzen der Physik gehört der Zweite Hauptsatz der Wärmelehre, der auf das Thema dieser Ausgabe zugeschnitten besagt, dass jede Ordnung bedroht ist und im Laufe der Zeit zerfällt. Dieser Satz stammt aus der zweiten Hälfte des 19. Jahrhunderts und handelt von einer Größe namens Entropie, die dem physikalischen Gesetz zufolge nur zunehmen kann, was nicht nur dem Pfeil der Zeit eine Richtung gibt – er fliegt nach vorne auf eine wachsende Unordnung zu –, sondern auch vom Ende der Welt kündet, das dann eintritt, wenn diese Entropie ihren Maximalwert erreicht hat. Diesen Zustand fürchteten die Forscher im 19. Jahrhundert als Wärmetod der Welt, während Künstler wie Camille Flammarion Angst vor dem Gegenstück hatten, nämlich einem Kältetod für das Leben auf der Erde.

The Last Family on Earth. Camille Flammarion 1881

Jahrzehnte vor diesem Zweiten hatten die Physiker bereits einen Ersten Hauptsatz ihrer Wissenschaft formuliert, den man besser als Satz von der Erhaltung der Energie kennt und der besagt, dass diese grundlegende Größe der Welt weder erzeugt noch vernichtet werden kann. Energie ist unzerstörbar, und nur ihre Form kann sich wandeln – etwa von Wärme- in Bewegungsenergie –, und während sie das tut, wächst die Entropie unvermeidlich an und nimmt die Ordnung der Dinge etwa auf einem Schreibtisch ab (wenn niemand eingreift und aufräumt).

Die Idee zur Entropie tauchte nach 1850 auf, als einige Ingenieure versuchten, die Leistungsfähigkeit der Maschinen zu beschreiben, die sie mit einem möglichst hohen Wirkungsgrad funktionieren lassen wollten. Sie merkten bald, dass das Konzept der Energie nicht ausreiche, um Maschinen theoretisch zu erfassen, denn es gab Energie, die in Arbeit umgewandelt werden konnte, und es gab Energie, die sich nicht dazu eignete.

Die erste Form der Energie nannte man die „freie Energie", und sie unterschied sich von der Gesamtmenge durch eine Größe, die man mit dem ähnlich klingenden Wort „Entropie" bezeichnete und die der Zeit ihre Richtung zur Zerstörung von bedrohten Ordnungen hin gab. Die Frage „Was ist Entropie?" braucht natürlich eine allgemein verständliche Antwort,

Der nagende Zahn der Zeit: Entropie. Alles, was nicht in Ordnung gehalten wird, verfällt unweigerlich der alles gleichmachenden Entropie. (Foto: cmbankus, Adobe Stockfoto 85291087)

die aber bis heute gesucht wird, obwohl es viele Vorschläge dazu gibt. Da ist zum Beispiel von einem „Maß für die Unordnung" in einem System die Rede, da denkt man bei seiner Entropie an den „Vorrat an Zufälligkeit", die es beherbergt, und da wird vom „Grad der Unkenntnis" gesprochen, den Physiker nie ganz zum Verschwinden bringen können. Entropie wird oft und gerne als Gegenteil oder Gegenstück zur Information verstanden – als die Information etwa über die Verteilung der Geschwindigkeiten von Atomen oder Molekülen in Gasen, die nicht verfügbar ist.

So verdienstvoll all diese Vorschläge sind, in dem wundersam erfolgreichen Konzept der Entropie zeigt sich, dass die Wissenschaft selbst da, wo sie Gesetze formulieren kann, geheimnisvoll bleibt. Man sollte sich darüber nicht ärgern, sondern eher freuen, denn so behält auch die Zeit, die an der Entropie und ihrer bedrohten Ordnung hängt, ihr Geheimnis, über das sich weiter nachzudenken lohnt. Anders als die Entropie kann die Zeit zwar leicht gemessen werden – nämlich mit Uhren –, aber daraus folgt nicht, dass sie von den mit ihr älter werdenden Menschen durchschaut wird, wie man in einem Roman von Cees Noteboom (*Die folgende Geschichte*) lesen kann:

Uhren hatten meiner Ansicht nach zwei Funktionen. Erstens, den Leuten zu sagen, wie spät es ist, und zweitens, mich mit dem Geheimnis zu durchdringen, dass die Zeit ein Rätsel ist, ein zügelloses, maßloses Phänomen, das sich dem Verständnis entzieht und dem wir, mangels besserer Möglichkeiten, den Schein der Ordnung gegeben haben. Zeit ist das System, das dafür sorgen soll, dass nicht alles gleichzeitig geschieht.

Diese Ordnung der Zeit kann niemand bedrohen.

Das Schicksal

Während die Physiker über den Zerfall der physikalischen Ordnung nachdenken und dabei zum Beispiel fragen, wie es das sichtbare Leben schafft, dem Zweiten Hauptsatz ein

Schnippchen zu schlagen und seine Ordnung von Generation zu Generation nicht nur aufrechtzuerhalten, sondern im Rahmen der Evolution auch in der Lage ist, sie durch Höherentwicklung zu vermehren, registrieren Historiker der menschlichen Geschichte den Zerfall von staatlichen Ordnungen, an denen unsichtbares Leben beteiligt ist.

Fatum – Schicksal – so nennt der amerikanische Historiker Kyle Harper sein Buch mit dem Untertitel *Das Klima und der Untergang des Römischen Reiches*, wobei die deutsche Version merkwürdigerweise den Hinweis auf die Krankheiten – „diseases" – ausspart, die im Original neben dem Klima stehen und eine ungeheure Rolle in der Geschichte spielen, wie gleich geschildert wird.

Das Römische Reich dehnte sich im vierten Jahrhundert nach Christi Geburt von Spanien im Westen bis zum Nahen Osten aus, und seine berühmten großen Städte hießen Rom, Karthago, Konstantinopel, Alexandria und Antiochia. Natürlich gab es damals nicht die Kommunikations- und Reisemöglichkeiten wie heute, aber trotzdem hatten die Römer ein vernetztes Riesenreich errichtet, dessen höchst unterschiedliche Teile miteinander verbunden waren und in denen sich zumindest die herrschende Klasse, die Imperatoren, so sicher fühlten, dass sie bald meinten, sogar die Natur beherrschen zu können.

Dies war ihnen auch insofern gelungen, dass in dem Imperium Romanum niemals eine Hungersnot auftrat, während sich die Bevölkerung stark vermehrte, die man sich unter biologischen Gesichtspunkten als ein von Mikroorganismen durchsetztes Ökosystem vorstellen sollte. Natürlich boten römische Ingenieure ihre ganze Kunst auf, um die wachsenden Städte und ihre Bevölkerung mit Toiletten, Kanalisation und fließendem Wasser zu versehen, doch wimmelte es in den Straßen von Ratten und Fliegen, und eine Menge Kleingetier sauste auf den Gassen und Höfen umher.

Die Pest, Arnold Böcklin (1827-1901): Kunstmuseum Basel (wikimedia)

Im Römischen Reich treffen die Geschichte der Menschen und die der Natur aufeinander, und auch wenn die Historiker bislang den Eindruck vermittelt haben, der Untergang des Imperium Romanum habe etwas mit staatlichen Institutionen, politischen Strukturen und dekadenten Eliten zu tun, so muss diese Sicht grundlegend korrigiert werden.

Das Ende des Römischen Reiches ist vor allen Dingen durch ein großes Sterben von Menschen zustande gekommen. Als nämlich im sechsten Jahrhundert in Kaiser Justinians Reich eine Pestepidemie ausbrach, raffte die Seuche die Hälfte der Bevölkerung hin, und bei den Überlebenden reichte die Immunität nicht aus, um weitere Ausbrüche des Schwarzen Todes zu verhindern, die bis zum achten Jahrhundert dem Römischen Reich den Garaus machten.

„It´s the biology, stupid", könnte man Bill Clinton paraphrasieren. Es waren Ratten, Bakterien und Flöhe, die das Imperium in die Knie gezwungen haben, und es war das Klima, das ihnen dabei zu Hilfe gekommen ist. Im frühen sechsten Jahrhundert gab es nämlich eine Serie von Vulkanausbrüchen, in deren Folge die Sommertemperatur in Europa um mehr als 2°C sank, weil offenbar die Sonne achtzehn Monate lang die Staub- und Wolkendecke nicht durchdringen konnte.

In Geschichtsbüchern ist manchmal von der spätantiken kleinen Eiszeit die Rede, ohne dass hinzugefügt wird, dass damit genau die Durchschnittstemperaturen entlang der landwirtschaftlich genutzten Küsten des Römischen Reiches herrschten, die dem Pestbakterium besonders zuträglich sind und dem Zyklus seiner Vermehrung und Verbreitung optimale Bedingungen geschaffen haben.

Als die Menschen ohne Unterlass starben, meldete sich verstärkt der christliche Glaube an ein frühes Ende zurück, und man meinte und verkündete in eschatologischer Gewissheit, dass die letzte Stunde der Menschheit geschlagen habe. In säkularen Zeiten hat diese christliche Vorstellung an Kraft verloren, was aber nicht zugleich bedeutet, dass auch die Bedrohung durch die Mikroben an Kraft verloren hat. Im Gegenteil! Durch den immensen Anstieg der Weltbevölkerung und dank der immer dichter zusammengedrängt in Großstädten mit wachsenden Slums hausenden Menschen haben sich die Ausbreitungsmöglichkeiten der Viren und Bakterien nur vermehrt, und vielleicht sollte man unter der derzeit als Anthropozän bezeichneten Epoche der Erdgeschichte den Abschnitt verstehen, in der die Regeln für das Zusammenspiel von Mensch und Mikroben neu formuliert werden müssen.

Sowohl die einzelnen Mitglieder der Spezies Homo sapiens selbst als auch der von ihnen bewohnte Planet steckt voller Kleinstlebewesen, die alle um ihr Dasein ringen und ihre Existenz verteidigen. Gerade weil Menschen in der Mitte zwischen einem Mikro- und einem Makrokosmos stecken, lässt sich ihre Geschichte nicht mehr von der Entwicklung der Natur trennen. Die Welt ist ein Ganzes, aus dem nichts und niemand heraustreten kann. Sie wird auch dann bleiben, wenn sich ein Teil von ihr ablöst und verschwindet. Hoffentlich kann man die dazugehörige Geschichte noch jemandem erzählen.

Übrigens – die Geschichte der Menschheit ist bekanntlich nicht mit dem Untergang des Römischen Reiches zu ihrem Ende gekommen. Aus den Ruinen ist vielmehr neues Leben erblüht, und das Neue betrifft vor allem die Religion. Als die Christen des Imperiums ihre Aufmerksamkeit auf das nahe geglaubte und erwartete Ende richteten, machte sich nämlich auf der arabischen Halbinsel der künftige Prophet Mohammed auf, um den Menschen den Koran zu bringen, in dem der eine Gott auch vor der letzten Stunde gewarnt hat. Allerdings erlaubte er seinen Anhängern, seine Offenbarung zuvor noch mit dem Schwert zu verbreiten. So ist es geschehen.

Die Verzweiflung
Vom Untergang eines Imperiums zum Untergang seiner Bürger: *Deaths of Despair and the Future of Capitalism* – Tod aus Verzweiflung und die Zukunft des Kapitalismus – so heißt das im Februar 2020 in der Princeton University Press erschienene Buch, in dem Anne Case und Angus Deaton es unternehmen, ein zugleich erschreckendes und unfassbares Geschehen im sonst so gelobten Land der unbegrenzten Möglichkeiten zu verstehen, also in den Vereinigten Staaten von Amerika. Die verheirateten Autoren sind hochdekorierte Wirtschaftswissenschaftler – Deaton ist 2015 mit dem Nobelpreis für Ökonomie ausgezeichnet worden –, die sich seit Jahren darüber wundern, dass weiße Amerikaner ohne Hochschulabschluss derart häufig durch Selbstmord, Drogenkonsum und Leberschäden sterben, dass die Lebenserwartung für die gesamte Bevölkerung der USA in den letzten drei Jahren durchgängig abgenommen hat.

Zwischen 1999 und 2017 konnten Case und Deaton mehr als 600.000 Todesfälle ausfindig machen, die über die demografisch vorgesagte Zahl hinausgegangen sind und auf Suizid und Selbstvergiftung zurückgeführt werden können. Die Menschen bringen sich offenbar aus Verzweiflung um, ohne dass die amerikanischen Medien darüber berichten, die den Präsidenten weiter verkünden lassen, „America First".

Cover des Buches „*Deaths of Despair and the Future of Capitalism*"
Anne Case und Angus Deaton, Princeton Univers. Press, 2020

Amerika ist tatsächlich Nummer 1, aber vor allem beim Gebrauch von Opiaten und anderen Drogen und in der dadurch bedingten Hilflosigkeit der Menschen, die von dem kapitalistischen Wirtschaftssystem übergangen und bestraft werden. Wenn es nicht Schwarz auf Weiß da stünde, könnte ich nicht glauben, wie furchtbar faul die Welt in diesem Staate ist, und es ist vor allem das amerikanische Gesundheitssystem – Gesundheitssystem! –, das die Menschen nicht bezahlen können und deshalb krank macht und verzweifeln lässt, wie die Autoren ausrechnen. Sie machen in ihrem Buch Vorschläge für die völlig neue Finanzierung einer Krankenversicherung, die aber unter den derzeitigen politischen Verhältnissen keine Aussicht auf Erfolg haben.

Die Schuldzuweisung in den USA erfolgt unerbittlich: Wer keine Arbeit findet, wer zu wenig verdient, wer keine Unterstützung von einer Familie bekommt, wer keine vielversprechende Zukunft hat, mit dem stimmt etwas nicht. Und wer dieses Gefühl bekommt, greift zu Alkohol oder anderen Drogen, was aber nur zu der schlimmeren Lage einer weiteren Abhängigkeit führt, mit der man nur das eigene Versagen bestätigt bekommt. Was bleibt, sind Verzweiflung und der Wunsch, aus dem Leben zu scheiden, ohne dass die Betroffenen wüssten, an wen sie sich wenden können.

Diese Situation trifft auch für die Hundert Millionen von Amerikanern zu, die unter chronischen Schmerzen leiden und sich nicht trauen, bei ihrem Arbeitgeber um eine Job-Pause für

Trotz Corona hoffnungsvoll in die Zukunft schauen. (Foto: fizkes, AdobeStock 335593898)

die geschundenen Knochen zu bitten. Sie greifen lieber zu Heroin – eine Million US-Bürger konsumieren den Stoff täglich – oder versuchen ein synthetisches Opioid wie Fentanyl zu ergattern. Und während die ungebildeten Weißen sterben, blüht die US-Wirtschaft und die Aktienkurse steigen (vor der Corona Krise jedenfalls). Man könnte den schon einmal benutzten Spruch von Bill Clinton erneut abwandeln und rufen, „It´s the unfair economy, stupid". Es ist wahr, aber nicht zu glauben.

Corona
In den Tagen des Schreibens – Frühjahr 2020 – fühlt sich die Weltordnung – oder eher die Wirtschaftsordnung – durch ein Virus bedroht, das auf den hübschen Namen Corona hört. In der keineswegs leichten Situation gibt es einen wesentlichen Unterschied zu den oben beschriebenen Pandemie der Antike, wie abschließend vermerkt werden soll. Während die Menschen damals an ihr Ende glaubten, denken die Menschen heute vor allem an den Neuanfang nach der Krise. Wenn ihre Ordnung bedroht ist, ergeben sie sich nicht mehr in ihr Schicksal und planen stattdessen bereits die neue Lebensform. Die Welt wird zwar wärmer, aber der Wärmetod des 19. Jahrhunderts wird sie nicht ereilen. Es gilt, die freie Energie geeignet einzusetzen und zu verstehen, dass alles im Wandel ist und in Bewegung bleibt. Nur die dynamische Ordnung hält. Sie hält die Zukunft offen.

Literatur
Case, A., Deaton, A. (2020). *Deaths of Despair and the Future of Capitalism.* Princeton University Press.

Ernst Peter Fischer
geboren 1947 in Wuppertal, Professor für Wissenschaftsgeschichte an der Universität in Heidelberg; wissenschaftlicher Berater der Stiftung Forum für Verantwortung, Buchautor und Publizist.

Gegensatzthematik und Schöpfungsmythen
Das Geheimnis von Chaos und Ordnung, Regellosigkeit und Struktur, Leben und Tod

Christiane Lutz

Jedes Sein trägt, um wahrgenommen zu werden, das Nichtsein als Gegensatz in sich. Urmenschliches Anliegen ist häufig, nur das Positive, das Lichtvolle sehen zu wollen und damit zu verleugnen, dass nur über die Erfahrung des anderen Pols Erkenntnis möglich ist. Mit anderen Worten: Licht braucht, um als solches erkannt zu werden, das Dunkle, Ordnung das Chaos. Ohne Struktur ertrinken wir in der Fülle der Möglichkeiten, der Triebimpulse, der Fantasien. Auf der anderen Seite kann Struktur allein zur rationalen Dominanz führen und das lebendige Leben ersticken. Chaos trägt in sich die Gefahr rücksichtsloser Willkür, ausschließliche Ordnung und Struktur kann in Zwang und Formalismus entarten.

Ein gelingendes Leben verlangt den harmonischen Ausgleich zwischen diesen entgegengesetzten Polen. Dass dieses Thema archetypische Qualität hat, zeigen die zahlreichen Schöpfungsmythen.

So unterschiedlich sie auch gestaltet, so vielschichtig die Schwerpunkte gesetzt sind, allen gleich ist die Überzeugung, dass zu Beginn das Chaos herrscht. In der Bibel wird es als Tohuwabohu bezeichnet. Es ist ein Begriff, der sich auch heute noch manchen gequälten Erwachsenen entringt, wenn sie die Kinderzimmer ihrer Töchter und Söhne betreten.

Schöpfungsmythen

Aus der Fülle der Schöpfungsmythen möchte ich einleitend die Jahrtausende alten Mythen der numerischen und akkadischen Kultur herausgreifen. Sie sind uns nur in Bruchstücken überliefert. Zentrales Motiv ist insgesamt die Gegensatzthematik.

Die Mythen beschreiben zunächst eine gestaltlose Masse, die weder Form noch Struktur hat und darum als Chaos erlebt wird. Es ist „wüst und leer", wie es die Bibel beschreibt. Diese Substanzlosigkeit wird mit dem Begriff eines Urgewässers umschrieben, analog des biblischen Bildes, dass zu Beginn der „Geist Gottes über den Wassern schwebte."

In einem zweiten Schritt wird das ordnende Prinzip eingeführt. Es entsteht eine Dualität in Gestalt zweier Wesen: Apsu als Repräsentant des Männlichen und Tiamat, die das Weibliche verkörpert. Apsu erscheint in Gestalt des unterirdischen Süßwasserstroms, auf dem die Erde schwimmt. Dieser Strom umgibt die Welt als kreisförmiger Fluss. Tiamat ist das Meer, des Salzwassers, wofür in den Mythen das Bild eines Abgrundes steht. Aus diesem Abgründigen, letztlich ungeordneten Chaos gehen alle Geschöpfe hervor. Diese schöpferische Kraft des Abgründigen, das zur Menschwerdung führt, drückt sich auch darin aus, dass Tiamat über vier Augen und vier Ohren verfügt. Sie unterstreicht also kraft ihrer Sinnestätigkeit ihre Überlegenheit. Gelegentlich wird sie sogar zweigeschlechtlich beschrieben.

Als droben die Himmel nicht genannt waren,
als unten die Erde keinen Namen hatte,
Als selbst Apsu, der Uranfängliche, der Erzeuger der Götter,
Mummu Tiamat, die sie alle gebar,
Ihre Wasser vermischten,
als das abgestorbene Schilf sich noch nicht angehäuft hatte,
Rohrdickicht nicht zu sehen war,
als noch kein Gott erschienen,
Mit Namen nicht benannt, Geschick ihm nicht bestimmt war,
Da wurden die Götter aus dem Schoß von Apsu und Tiamat geboren.
Lachmu, Lachamu traten ins Dasein,
wurden mit Namen benannt.

Aus der ersten Paarbeziehung von Apsu und Tiamat entsteht also die nächste Göttergeneration, die Namen trägt. Sie haben offenbar bereits zu einer individuellen Identität gefunden, sich damit aus dem Chaos des Unbenannten heraus entwickelt.

Dieses Götterpaar wiederum zeugt Andur und Gischt, die in ihrer Zusammengehörigkeit die Einheit von Himmel und Erde symbolisieren. Aus dieser Ungeschiedenheit entsteht erst in einem weiteren Schritt ein ordnendes Moment, was unserem heutigen psychologischen Begriff der Triangulierung entspricht: Es ist die strukturierende Dreiheit mit Anu, dem Herrscher des Himmels, Enlil, dem die Macht über die Erde zugeteilt ist, sowie Ea als Herr über das Wasser. Erst jetzt vollzieht sich durch Anu die Erzeugung des Menschen.

Man muss also den Schöpfungsakt bis hin zur Menschwerdung als einen sich über Generationen hinziehenden Versuch verstehen, das Chaos zu überwinden und über strukturierende Ordnung einen Kosmos zu erschaffen.

Ein erneutes Chaos bricht aus, als Anu sich durch die jüngere Generation der Götter gestört fühlt – er kann nicht ruhig schlafen – und sie vernichten will. Ea, jetzt ein Sohn des Anu, erschlägt ihn daraufhin und erbaut seine Wohnstätte auf ihm. Eas Sohn wiederum ist Marduk, der gleichzeitig sowohl erster Mensch als auch Gott ist. Er ist bereit, sich einem neuen Kampffeld zu stellen. Es geht um die Überwältigung des archetypischen Mutterbildes in Gestalt der Tiamat. Diese ist in der Lage, Ungeheuer zu gebären, die sie in ihrer Herrschaft unterstützen und erneut das Chaos erzeugen.

Das männlich-strukturierende Prinzip wird damit zur Notwendigkeit, um den Rückfall ins Chaos zu verhindern. Diese Funktion übernimmt Marduk, als Sohn des Ea. Marduk verspricht, den archetypischen Kampf gegen Tiamat, dem großen Weiblichen der ersten Generation zu wagen, wenn er dafür von der jüngeren Generation der Götter als oberster Herrscher anerkannt wird.

In der kämpferischen Auseinandersetzung zwischen Marduk, der als erster Mensch und Gott geschildert wird, und Tiamat, dem weiblichen Prinzip, entsteht zunächst erneut Chaos, das eigentlich durch die aggressive Auseinandersetzung verhindert werden sollte.

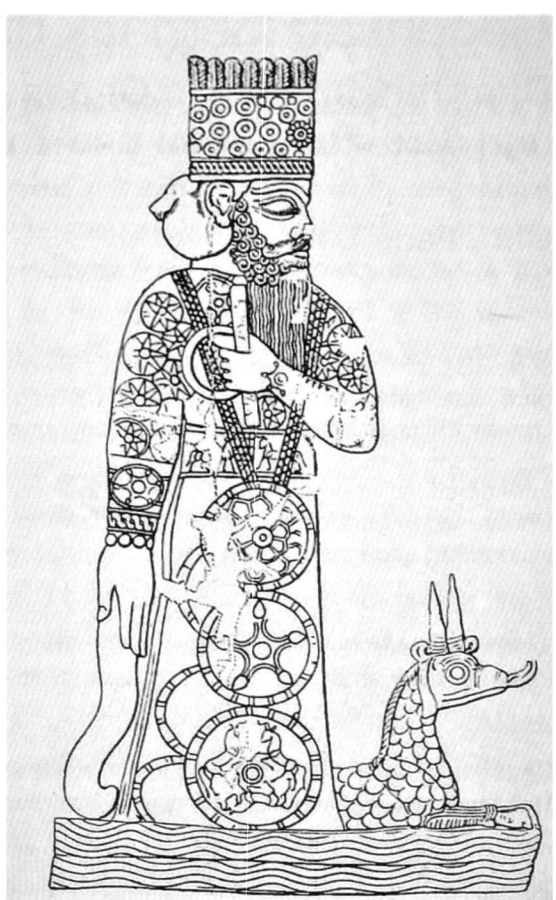

Marduk und Mušḫuššu – Zeichnung nach einem babylonischen Rollsiegel (wikimedia)

Schließlich wird Marduk überlegener Sieger und tötet Tiamat. Ihr Leib in Form eines getrockneten Fisches steht für das Weltall. Aus der oberen Hälfte bildet Marduk den Himmel, aus der unteren formt er mithilfe der Organe die Welt: Die Augen bilden die Flüsse Euphrat und Tigris, die Berge formen sich aus ihrer Brust. So ist Tiamat als Vertreterin des Archaischen und Ungeordneten wiederum die Basis für klärende Struktur und Ordnung.

Diese Jahrtausende alten Mythen vermitteln übereinstimmend, dass sich Gegensätze, wie sie Chaos und Ordnung darstellen, nicht nur wechselseitig bedingen, sondern die zwei Seiten einer Medaille sind. Kreativität braucht existenziell das noch nicht Vorhandene, um wirksam werden zu können.

Diese Mythen aus dem Zweistromland stellen insgesamt die Dominanz eines männlichen Schöpfergottes in den Mittelpunkt.

Mythen der alten Ägypter

Ähnliche Akzente setzen die Mythen der Alten Ägypter, die uns bis heute in ihrer lebendigen Bildersprache zutiefst ergreifen. Auch sie beschreiben das Gegensatzpaar von Chaos und Struktur in überzeugender Weise. Der Anfang des Werdens wird mit einem Urhügel beschrieben, einem Bild für das Feste, gewissermaßen Erdhafte. Dem gegenüber wird der schöpferische Gott beschrieben, der im flüssigen Element treibt. Er hat das Bedürfnis, festen Boden unter die Füße zu bekommen, sich so vom Treibenden, Beliebigen abzugrenzen und sich damit aus einer subjektiv erlebten Erstarrung zu lösen. Festes und Flüssiges stehen nebeneinander, offensichtlich die Voraussetzung, dass ein schöpferischer Prozess einsetzen kann.

Nun beginnt der Gott in Menschengestalt sein Werk. Die Erde, die sich erhebt, ist gleichzeitig Erschaffenes und Bild des Schöpfers in Gestalt des Ptah.

Dieser Gott hat sich selbst geschaffen. Die Schöpfung, Götter wie Menschen, entsteht durch die Aktivität seines Geistes. Indem er das zu Schaffende ausspricht, gewinnt es Gestalt. „Er ist es, der zuließ, dass alles Erkennen sich manifestierte, und es ist die Zunge, die wiederholt, was das Herz gedacht ... Denn jedes göttliche Wort manifestiert sich durch das, was das Herz erschaffen und die Zunge angeordnet hat." (De Beler, S. 78)

Die Mythen der Alten Ägypter führen jetzt zwei neue Aspekte ein. Zum einen wird die Schöpferkraft des Wortes betont, zum anderen ist der Sitz des schöpferischen Prinzips nicht der Kopf, sondern das Herz. Das fühlende Erleben ist für den Prozess der Kreativität offensichtlich bedeutsamer als das Denken.

Ein weiterer Gott, der mit dem Prozess der Schöpfung eng verbunden ist, ist der Widdergott Chnum. In diesem Mythos ist ein Lehmhügel oder auch ein Stein Zeichen des zum Bewusstsein erwachenden Gottes. Er ist der schöpferische Gott, der auf der Töpferscheibe das kosmische Ei entstehen lässt, dem dann die Sonne entschlüpft. Indem Chnum den Menschen den fruchtbaren Nilschlamm zuteilt, wird er zum Herr über das Leben selbst.

Das Ei ist ein Ganzheitssymbol. In ihm ist das Leben verborgen, das die Welt außerhalb ebenso abbildet wie die Möglichkeiten der Innenwelt. Es ist der Mittelpunkt, aus dem heraus sich Energie entwickelt und schrittweise die Lebenssubstanz ans Licht bringt. In der Vorstellung der alten Ägypter war diese Symbolik eng mit der Sonne verknüpft.

Dieses Bild setzt sich im Mythos um die Urkuh Mehetweret fort. Sie taucht aus den Urfluten auf und trägt die Sonnenscheibe zwischen den Hörnern. Indem sie sich in die himmlischen Sphären erhebt, wird sie zur Mutter des Sonnengottes Re, den sie täglich als goldenes Sonnenkalb wieder gebiert. (Zingsem S. 78).

Aus dieser Perspektive wird verständlich, dass Schöpfung vor allem als Prozess einer ständigen Wandlung und Neuwerdung zu verstehen ist. Tod ist in unserem Denken, das wir bezeichnenderweise im Kopf und nicht im Herzen lokalisieren, verbunden mit der Vorstellung des Nichtseins. Die Ägypter hingegen sahen in ihm die verwandelnde Kraft einer Neuwerdung. Repräsentantin dafür ist Nut, die sich schützend und gleichzeitig abgegrenzt

Menhit (links) und Chnum (rechts) an der Außenwand des Tempels von Esna (wikimedia)

Die Familie von Osiris. Osiris auf einer Lapislazuli-Säule in der Mitte, flankiert von Horus links und Isis rechts, 22. Dynastie, Louvre, (wikimedia)

Amulett des Seth, Höhe 2 cm, 14. Jhd. v. Chr. Louvre (wikimedia)

über die Erde beugt. Damit formt sie Raum und Weite, Voraussetzung für klärende Ordnung. Die hohe Verehrung der Sonne in ihrer lebensspendenden aber auch vernichtenden Qualität wird in einer Einheit verstanden. In diesem Zustand manifestiert sich wiederum das Göttliche, in seiner strukturierenden Kraft in einem Akt der Neuwerdung.

Ein anderer Mythos, der den kreativen Reichtum der alten Ägypter widerspiegelt, beschreibt den Schöpfungsvorgang noch einmal in ganz archaischer Weise: Atum, der Urschöpfer, ist ein allumfassendes göttliches Wesen, das sich selbst erschaffen hat. Atum steht für den Beginn der Schöpfung. Er ist das Wesen im Urwasser, als die Welt noch nicht geworden war. Dieses nicht weiter bezeichnete Göttliche erschafft mit seinem Hauch Schu. Dieser wird damit zur Lebensluft als einer dynamischen Kraft des Alls. Dem gegenüber steht das Nichts.

Dieses kann jedoch nicht erklärt werden, sondern stellt lediglich den Gegenpol zum Seienden dar. Seiendes braucht aber, um wirksam zu werden, das Ungeformte. Struktur und Ordnung braucht das Chaos. Der Vertreter des Seienden wird Demiurg genannt. Es ist das unspezifisch Göttliche, das – zunächst noch im Chaos versunken – ein Teil dieses Ungeformten ist. In der Überzeugung der Ägypter ist der Demiurg damit ein Wesen, das aus sich selbst geworden ist. Er wird verstanden als der Einsame, Einzige, ohne Vater und Mutter. Er ist Geheimnis und Offenbarung, Chaos und Ordnung. Bevor der Demiurg zur Existenz, zu einer handelnden Identität erwacht, muss er sich jedoch seiner selbst bewusst werden. Erst dann kann er sich an das Werk der Schöpfung machen.

Der Gott Schu, Sohn dieses numinosen schöpferischen Prinzips, ist Vertreter von Licht und Luft. Er verbindet sich mit Tefnut, einer weiblichen Gottheit, die für den Aspekt der Feuchtigkeit steht. Aus dieser Verbindung stammt Geb, der Gott der Erde, und die Göttin Nut, die den Himmel repräsentiert.

Wir begegnen hier dem ordnenden Prinzip in einer Umkehr unseres heutigen Verständnisses. Die Erde wurde als männliches Prinzip verstanden, wohingegen Nut als weibliches Wesen den Himmel umspannte. Indem Schu Geb und Nut zeugt, wird das ordnende Prinzip erstmals wirksam, indem Himmel (Nut) und Erde (Geb) als getrennt bezeichnet werden.

Der Verbindung dieser beiden polaren Gottheiten entstammen die Brüder Osiris, der

Fruchtbarkeitsgott, und Seth, der Gott der Wüste. Es differenziert sich jetzt eine weitere Polarisierung im gleichen Geschlecht: Während Osiris als Lichtgott für das Leben sorgte, war Seth der Gott des Chaos, der Dürre und Unfruchtbarkeit. Indem er Osiris tötete und die Teile des Gottes über das Land verstreute, schien das Chaos, das destruktive Moment in Gestalt des Todes, zu siegen. Doch entsprechend dem Mephisto im Faust „ein Teil von jener Kraft zu sein, die stets das Böse will und stets das Gute schafft", verhalf Seth mit seinem Tun der Dürre zur Fruchtbarkeit. Damit vereinigten sich scheinbar gegenläufige Impulse zu einer zusammen gehörenden Einheit: Tod ermöglicht Leben. Fruchtbarkeit und das zu Befruchtende sind aufeinander angewiesen.

Das Schwesternpaar Isis und Nephtis, ebenfalls Kinder von Geb und Nut, repräsentieren in Person und Tun ebenso die notwendige Vereinigung der Gegensätze. Nephtis ist die Frau Seths, geht aber auch mit Osiris eine enge Beziehung ein, während Isis ihrerseits das tödliche Tun Seths ausgleicht. Indem sie die Leichenteile des Osiris wieder zu einem Ganzen zusammenfügt, ermöglicht sie Wandlung und Neuwerdung, wo Tod und Vernichtung geplant war. Es ist die zentrale Botschaft der Ägypter, die im Tod die Neuwerdung eines anderen Daseins verstanden: „Du stirbst, damit zu lebst."

Charakteristisch für die ägyptische Mythologie ist die Vielfalt, die mehrere Wahrheiten nebeneinander stellt, und Gleichwertigkeit immer wieder ins Zentrum rückt. Männliches und Weibliches stehen gleichberechtigt nebeneinander. Tier, Mensch und Gott vereinen sich zu einer Gesamtheit. Der Mensch kann, indem er den göttlichen Funken in sich erkennt, zum Gott werden. Das Tier mit seinen vielschichtigen Eigenschaften wird zum Haupt eines Gottes. Der Pharao als Inkarnation des Gottes hat neben sich die „große Königsgemahlin".

Ein weiterer wesentlicher Aspekt der ägyptischen Mythologie ist die schöpferische Kraft des Wortes. Es ist die erlösende Stärke, die das Chaos beschreibbar macht. Dadurch konstelliert sich der Gegenpol zum Chaos, die abgrenzende Struktur, die die ungeordnete Vielfalt überschaubar macht.

Dieses klärende Moment wird durch das Göttliche repräsentiert. Es ist Amun, der „Wasserzauber, wenn sein Name auf der Flut erklingt." Mit dem Aussprechen des Namens entsteht die Kraft, die das Krokodil, das die Schöpfung zu verschlingen droht, ohnmächtig in die Tiefe zurücksinken lässt. Die Energie des Wortes verhilft den Dingen zu einer lebendigen Wirksamkeit. Die helfenden Mächte, die dem Schöpfergott zur Seite stehen, umfassen das planende Ersinnen (Sia), das schöpferische Wort, das ausgesprochen wird (Hu) und schließlich das, was die Ägypter unter Zauber verstanden: die Wirkung des Wortes, die in alle Richtungen ausstrahlt (Heka oder Hike).

Im Gegensatz zu anderen Mythen steht neben dem schöpferischen männlichen Prinzip die Göttin Neith. Sie erschafft über sieben Sprüche die Welt, während der Gott Chnum in dieser Version auf der Töpferscheibe den Menschen formt. So bildet sich über diese beiden Götter die Vorstellung eines Elternpaares, das Schöpfung möglich macht. In unserer Sprache könnte das bedeuten, das zur han-

Isis (rechts) und ihre Schwester Nephthys (links) mit dem widderköpfigen Sonnengott Re, Grab der Nefertari, 19. Dynastie (wikimedia)

delnden Gestaltung eines Werkes immer Wort und Tat ineinander greifen müssen. Nur dann ist Leben, wie es sich in jeder Gestaltung ausdrückt, möglich.

Die Substanz schaffende Kraft des Wortes wird bei den Ägyptern in einer weiteren mythischen Erzählung unterstrichen und erweitert. „Ich bin Isis, die göttlich ist durch die Formeln meines Mundes und durch die Weisheit meines Herzens." Die Schöpferkraft wird jetzt noch durch einen weiteren Aspekt erweitert: Die Kraft des Herzens, das fühlende Erleben.

Über eine List übernimmt Isis vom alternden Gott Re, der das männliche Prinzip vertritt, die schöpferische Kraft: Sie heilt ihn vom Fieber unter der Bedingung, dass er ihr seinen geheimen Namen verrät. Mit diesem verbindet sich seine Macht, sodass nun seine göttliche Überlegenheit in die Gewalt der großen Göttin Isis übergeht. Sie wird zur Schöpferin, zur „Uranfänglichen" und verspricht damit, den Schöpfungsprozess immer neu zu vollbringen. Das drückt sich darin aus, dass Dank ihrer Macht die Sonne in Gestalt von Chepre, dem Skarabäus, täglich neu aufgeht. Das existenziell bedrohende Chaos der Nachtmeerfahrt wird überstanden, der Schlange Apophis gelingt es nicht, die Sonne zu verschlingen. Leben ist stärker als der Tod, das Schöpferische mächtiger als die Zerstörung, die göttliche Kraft dem Bösen überlegen, Struktur, Ordnung und Rhythmus sind dem vernichtenden Chaos gewachsen.

Und doch besteht immer parallel das Wissen, dass der eine Pol den anderen bedingt. Nur in der immer neuen Auseinandersetzung kann inneres und äußeres Gleichgewicht in einem sich wiederholenden Prozess des Werdens neu entstehen.

Die nordische Mythologie
Die nordische Mythologie geht in ihrer Schöpfungsgeschichte, ähnlich wie die Ägypter, von der Gleichwertigkeit des männlichen wie des weiblichen Prinzips aus. Es gibt nicht allein die männliche Gottheit als alleinigen Schöpfer, wie wir es auch aus der Bibel kennen, sondern beide Erscheinungsformen des Seins stehen gleichwertig nebeneinander.

Darüber hinaus sind Chaos und Ordnung zwar als Gegensatz präsent, jedoch nicht streng geschieden, sondern greifen immer wieder ineinander. Damit verbindet die nordische Mythologie immer wieder Gegensätze: Gut und Böse, Gebundenheit und Freiheit, Willkür und Regelhaftigkeit gehen im Tun und im Sein immer wieder eine Gemeinsamkeit ein.

Am Anfang wird das Gegensatzprinzip jedoch als Ungeordnetes dargestellt. Der Schöpfungsbericht beginnt mit dem Begriff der Urzeit, was gleichbedeutend mit Ewigkeit, also Zeitlosigkeit ist. Im Weltraum wabert das Niflheim mit der Quelle Hvergelmir. Daraus entwickelt sich ein Gewässer in einer tiefen Kluft. Es herrscht eine starke Kälte, die das Wässrige zu Eis erstarren lässt.

Im Süden des Alls lodern heiße Flammen, sodass eine gewaltige Hitze entsteht. Diese Gegend trägt den Namen Muspellsheim. In der Kluft Ginnungagap trifft das Eis auf die heiße Luft von Muspelheim.

Aus den Tropfen des geschmolzenen Eises wächst der Riese Ymir. Er begründet das Geschlecht der Reifriesen und wird als Verkörperung des Bösen, Chaotischen verstanden. Aus den Tropfen entsteht aber auch das gute spendende Prinzip in Gestalt der Kuh Audhumia. Aus ihrem Euter rinnen vier Milchströme, die den Riesen Ymir ernähren.

Die Kuh leckt gleichzeitig am salzigen Eis. Es ist die Geburtsstunde des ersten Menschen, Buri, der das freundliche gute Prinzip verkörpert. Die Kuh ist also diejenige, die dem Bösen, ebenso wie dem Guten Leben schenkt.

Die Gegensätze in ihrer zusammengehörenden Gemeinsamkeit bilden das Zentrum des Schöpfungsprozess. Es folgt auf diese Einheit in einem nächsten Schritt die bewusste Polarisierung. Sie drückt sich in einem gnadenlosen Kampf aus, in dem Ymir unterliegt. Buris Enkel Odin, Wili und We töten den Riesen. In seinem Blut werden seine Nachkommen ertränkt. Nun wiederholt sich die Neuwerdung: Aus dem Leib des Riesen erschaffen die drei Brüder die Menschenwelt Midgard:

Aus Ymirs Fleisch ward die Erde geschaffen,
aus dem Blute das Brandungsmeer,
das Gebirge aus den Knochen,
die Bäume aus dem Haar,
aus der Hirnschale der Himmel.

Odin geht anschließend ans Meer und erschafft aus zwei Baumstämmen die Menschen, Ask, den Mann und Embla die Frau. Dabei gibt Odin den Atem, Willi Verstand und Bewegung und We Antlitz, Rede, Gehör und Sehen. So wird aus dem Archaischen einer unstrukturierten rohen Kraft, deren Vertreter Ymir ist, eine geordnete Neuwerdung.

Ymir bedeutet Vitalität, die aber ungezügelt zum Bösen wird. Er repräsentiert damit das Chaos. Sein Tod als Folge der polarisierenden Kampfsituation wird zur Voraussetzung, eine strukturierte Welt und menschliches Leben zu erschaffen.

Bezeichnend für die archetypische Notwendigkeit des Chaotischen ist, dass ein Eisriese überlebt, der seinerseits ein neues Geschlecht der Reifriesen begründet. Diese verschlungene Schöpfungsgeschichte zeigt, dass Tod und Leben eng verbunden sind. Ohne Tod kann kein neues Leben entstehen. Hier berühren sich die Überzeugungen der nordischen Weisheitslehre mit der Ägyptens.

Darstellung Lokis mit einem Fischernetz. Aus einer isländischen Edda-Handschrift des 18. Jahrhunderts (wikimedia)

Die nordischen Götter

sind jedoch nicht nur erhaben und makellos, sondern über ihre Verbindung mit Loki, dem Riesen, haben sie immer auch Teil am chaotisch-destruktiven Prinzip. In ihrer Identität sind sie überwiegend doppeldeutig. In ihnen wohnt die Überlegenheit, aber auch die Tricksterseite. Ihnen ist Lug und Betrug ebenso vertraut wie höhere Erkenntnis.

Ein Beispiel dafür ist einerseits Odin, der neun Tage kopfüber am Baum der Erkenntnis hängt, um der Weisheit nahezukommen. Der Gleiche trinkt andererseits mit dem Trickster Loki Blutsbrüderschaft und nimmt ihn so in den Kreis der Götter auf, obwohl er den feindlichen Riesen entstammt. Das ist sowohl objektstufig wie subjektstufig zu verstehen: Loki ist mit seinen listigen Einfällen ein brauchbarer Diener. Indem er vorzugsweise Lug und Betrug lebt, könnte seine Aufnahme in den Kreis der Götter subjektstufig auch für die göttliche Bereitschaft stehen, den Schatten zu integrieren.

Auch die Sehnsucht einer Verbindung des Gottes Freyr mit der Riesentochter Gerd könnte diesen Aspekt unterstreichen. Allerdings kommt diese Verbindung nur mit Hilfe von List, Drohung und Gewalt zustande. Insgesamt werden diese Schattenaspekte jedoch immer wieder abgespalten, was am deutlichsten durch die Kinder Lokis zum Ausdruck kommt. Loki verbindet sich trotz seiner Aufnahme in den Kreis der Asen mit einer Riesin. Ihre Kinder sind der Fenrichswolf, die Midgardschlange und Hel, die düstere Herrin der Unterwelt.

Die Gefahr, die von diesen Wesen ausgeht, wird zunächst von den Göttern verleugnet. Als jene jedoch immer mächtiger werden, erfolgt die Ausstoßung und der Versuch, ihre Wirksamkeit über Fesselung und Verbannung einzuschränken. Damit entsteht aber nur vordergründig Freiheit und Sicherheit. Wird der Schatten dergestalt verdrängt, bleibt er im Chaos fixiert, wird zur gefährlichen Macht des Unbewussten, repräsentiert durch die düstere Herrin Hel. Die Folge dieser Ausgrenzung zeigt sich in der letzten Schlacht zwischen Asen und Riesen, die zum Weltuntergang, zum Ragnarök führt.

Ragnarök: Kampf der untergehenden Götter (F. W. Heine, 1845-1921, Wikimedia)

Der Untergang wird mit Baldurs Tod, dem Symbol des Guten, Schönen, Makellosen eingeleitet. Der Täter ist ausgerechnet der blinde Bruder Hödur. Loki lenkt den tödlichen Mistelzweig. Er hat sich wieder dem Chaos verschrieben und lässt die Vernichtung der Götter durch seine Kinder vollziehen. Aber auch er selbst stirbt im Zweikampf, wie Heimdall, der getreue Wächter auf der Regenbogenbrücke.

Der Fenrichswolf verschlingt Odin, Thor wird von der Midgardschlange vergiftet, Götter und Riesen, die böse und die göttliche Macht gehen in diesem alles vernichtenden Chaos unter. Das Leben scheint mit dem Fall der Weltesche Yggdrasil endgültig verloren.

Und doch gibt es das Versprechen, dass das Leben stärker ist als der Tod. Zwei Menschen überleben und sorgen für den Neubeginn der unendlichen Geschichte vom Werden und Vergehen in einem neuen Schöpfungsgeschehen.

Literatur

De Beler, A. (2001). *Die Götter und Göttinnen Ägyptens.* Frechen: Komet.

Eliade, M. (2002). *Die Schöpfungsmythen.* Düsseldorf: Albatros.

Hawass, Z. (2006). *Bilder der Unsterblichkeit.* Mainz: Philipp von Zabern.

Lutz, C. (2010). *Mythen machen Kinder mutig: Vom konstruktiven Umgang mit Aggression und Angst.* Stuttgart: opus magnum.

Lutz, C. (2017). *Mythen und Märchen in der psychodynamischen Therapie von Kindern und Jugendlichen.* Stuttgart: Kohlhammer.

Lurker, M. (1991). *Wörterbuch der Symbolik.* (5. Auflage). Stuttgart: Kröner.

Mudrak, E. (Hrsg.) (2003). *Nordische Götter- und Heldensagen.* (23. Auflage). Würzburg: Ensslin.

Schier, K. (1996). *Die Edda.* München: Wilhelm Heyne.

Tiradritt, F. (2007). *Ägyptische Wandmalerei.* Machen: Firmer.

Zingsem, V. (2009). *Die Weisheit der Schöpfungsmythen.* Stuttgart: Kreuz.

Christiane Lutz
Analytische Kinder- und Jugendlichenpsychotherapeutin in freier Praxis, Dozentin und Supervisorin am C. G. Jung-Institut Stuttgart, zahlreiche Veröffentlichungen.

Der Regenmacher
Verwerfungen im kosmischen Gewebe und unsere Verflochtenheit damit

Monika Rafalski

Eine in einem Nylonnetz verfangene Robbe. (Foto: Ian Dyball. AdobeStock 209282402)

Der Mensch hat das Netz des Lebens nicht gewebt, er ist nur ein Faden darin. Was immer er ihm antut, tut er sich selbst an.
(Häuptling Seattle)

„Die Zeit, in die wir hineingestellt sind, und ihre Forderungen sind Gegebenheiten schicksalhafter Art, und wir können ihnen nicht ausweichen", schrieb Fröbe-Kapteyn. Obwohl zur Eranos-Tagung 1949 mitgeteilt, erscheint mir ihre Feststellung ebenso für unsere heutige Situation zutreffend und drängender denn je, dies zu realisieren. Ihre Erfahrung, dass „nur ... der Weg ohne Sicherung uns die Möglichkeit bietet, die Zeichen zu lesen, die von der Zeit und dem Geist aus der Tiefe her wie zufällig aufgestellt werden", ermutigt mich, trotz ihrer Unvollständigkeit einige Gefühle und Gedanken darzulegen inmitten der hautnah wahrnehmbaren Zeichen der Bedrohtheit grundlegender Ordnungen.

Denn „der unsichere Weg ist ... der einzige, welcher der Wahrheit gegenüber offen und empfänglich bleibt. [...] Diese Ungesichertheit bedeutet [...] zugleich Freiheit, dadurch Beziehung zu Sinn zu gewinnen." (Fröbe-Kapteyn, 1949, S. 10)

Um in der Flut von beunruhigenden Nachrichten nicht mich bzw. den Überblick zu verlieren und Sinn zu gewinnen, sind mir Neumanns Ausführungen zu *Krise und Erneuerung* (1961) maßgebend. Indem sie uns auffordern, unsere Verantwortlichkeit für die globale Krise und die Dynamismen ihrer psychischen Abwehr zu erkennen, sind sie höchst aktuell. Zur Krise kommt es, „wenn bei einer einseitig gewordenen Entwicklung die Ausgleichsregulation durch die Ganzheit, das Selbst und durch das Kollektiv versagt." Somit könne die Getrenntheit des Ichs vom Unbewussten und von der mit ihm verbundenen Welt nicht überwunden werden (Neumann, 1959/60, S. 7 f.).

Das Wissen um die Zusammengehörigkeit von Krise und Erneuerung hilft zu erkennen, wie in der Coronakrise, in der Gegenwehr gegen Rassismus und Unterdrückung, im Kampf um demokratische Gesellschaftsordnungen, im Elend der Flüchtlingsströme sowie im Engagement der Friday-for-Future-Bewegung die Aufforderung zu neuen Lebensstilen und zur Übernahme kollektiver und persönlicher Verantwortlichkeit enthalten ist. Im ‚Feuer' der Krise entsteht die notwendige neue Sensibilität gegenüber Kolonialismus, Rassismus, Missachtung humaner Werte und angesichts der zerstörerischen Ausbeutung der Natur die grundlegendste Herausforderung zur Veränderung an uns.

Erhellend für unser Verflochtensein in die globale Krise ist jene chinesische Parabel, die in verschiedenen Versionen, u.a. von dem Sinologen R. Wilhelm berichtet wurde:

Die Natur und die Bewohner eines chinesischen Dorfes litten unter einer großen Dürre. In den letzten Monaten war kein Tropfen Regen gefallen, die Erde staubte und erschwerte das Atmen. Die Dorfbewohner veranstalteten Rituale und Zeremonien, um böse Dämonen zu vertreiben. Doch es kam kein Regen – bis sich jemand erinnerte, von einem Regenmacher gehört zu haben. Er wurde um Hilfe gebeten – als er angekommen war, sog er irritiert die Luft ein. Der Anblick der Dürre bedrückte ihn, seine Züge vertrockneten, seine Gestalt schien mit jedem Schritt älter zu werden. Die Bewohner fragten ihn, welche Unterstützung er brauche. Er bat, ein paar Tage in einer Hütte außerhalb des Dorfes allein zu sein, die Mahlzeiten sollten ihm vor die Tür gestellt werden. Die Dorfbewohner warteten gespannt. Nach einigen Tagen wurden die Dorfbewohner unruhig und schickten eine Delegation, um zu fragen, warum es nicht regne. Er schickte sie wieder zurück. Am darauffolgenden Tag zog sich der Himmel zusammen, alles verdunkelte sich, dann fiel Schnee – im Sommer, dieser wandelte sich in prasselnden Regen. Als der Mann ins Dorf kam, fragten ihn die Bewohner, was er gemacht habe. Er sagte: „Als ich in euren Distrikt kam, merkte ich, daß alles aus der Balance, aus dem Tao geraten war. So konnten die Naturvorgänge nicht ablaufen, wie es ihrer Bestimmung entsprach. Auch mein Gleichgewicht von Yin und Yang war aus der Balance geraten, und ich musste mich zurückziehen. Ich habe nichts gemacht, sondern sammelte mich, bis ich wieder in Einklang mit dem Tao war. Alles andere ging seinen natürlichen Weg. So kam der Regen ganz von selbst, wie es seiner natürlichen Eigenart entspricht."

Eindrücklich wird der Blick auf die Verbindung von Mensch und Umwelt gelenkt, auf ein synchronistisches Angeordnetsein, auf die Erscheinungsform des Archetyps der Ordnung. Dabei wird deutlich, wie sehr das gestörte innere Gleichgewicht der Menschen die Ordnung der Natur beeinflusst und aus ihrem Gleichgewicht bringt – hautnah wahrnehmbar heute für uns, wenn wir es nicht abwehren und leugnen.

Der Begriff Ordnung ist entlehnt vom lat. ōrdināre: in Reihen anpflanzen, in Reih und Glied aufstellen, regeln, in ein Amt einsetzen, abgeleitet von lat. ōrdo: Reihe(nfolge), Glied, Stand, Ordnung. Seine pragmatische Bedeutung im Lateinischen wurde mit übernommen, sodass er sich im gängigen Verständnis laut Duden heute auf von Menschen gesetzte Regeln bezieht:

> [...] durch Ordnen hergestellter Zustand, das Geordnetsein, ordentlicher, übersichtlicher Zustand; geordnete Lebensweise, Einhaltung der Disziplin bestimmter Regeln im Rahmen einer Gemeinschaft; auf bestimmten Normen beruhende und durch den Staat mittels Verordnungen, Gesetzgebung durchgesetzte und kontrollierte Regelung des öffentlichen Lebens; Gesellschaftsordnung; gesetzliche Ordnung: Art und

Weise, wie etwas geordnet, geregelt ist, Anordnung.

Zugrunde liegt ein Verständnis von Ordnung als von Menschen geschaffene Setzung. Umgangssprachlich wird unter Ordnung „Disziplin, gutes Benehmen, Folgsamkeit, Gehorsam" verstanden (Merk, S. 1) und mit der Aufforderung zur Unterwerfung verbunden: „Zucht, der sich jemand unterwirft" (Digitales Wörterbuch der deutschen Sprache, online).

Das Pendant züchtigen: (körperlich) strafen bzw. Züchtigung: eine seitens der jeweils einschlägigen Rechtsordnung gebilligte Strafe (Wikipedia, Stichwort Körperstrafe) führt in den Schattenbereich der von Menschen bestimmten Ordnungen. Dieser Schatten, der Gewalt, Strafe und Machtausübung beinhaltet, wird übermächtig und unkontrollierbar, wenn „Ordnung" für persönliche Machtziele missbraucht wird – etwa wenn Trump „Recht und Ordnung" als Leitmotiv seines derzeitigen Wahlkampfes ausgibt. jedoch aber Aggression, Gewalt und Feindschaft verstärkt.

Die Bedrohung humaner gesellschaftlicher Ordnungen durch Lügen, Vertuschen, Illusionismus und Projektion, Degenerationserscheinungen der alten Ethik (vgl. Neumann 1986, S. 23 ff.), wird hier sichtbar, verbunden mit der Aufforderung, für authentische ethische Grundhaltungen einzustehen. Dass diese gesellschaftliche Dynamik kein personaler Einzelfall ist, zeigt die Krise in Belarus, wo der „letzte Diktator Europas" Lukaschenko mit der Drohung: „Falls es Störungen der Ordnung oder Unruhen ... geben sollte, werden Sie es schon nicht mehr mit der Miliz zu tun bekommen, sondern mit der Armee." vorgibt, die Ordnung „wiederherzustellen", indem er Menschenleben bedroht und vernichtet.

In der seit Jahrzehnten sich zuspitzenden globalen Krise geht es nicht nur um das Bedrohtsein der von Menschen festgelegten Ordnungen, die im Verlauf der Geschichte immer anfällig für Degeneration waren. Vielmehr fordert sie uns auf, die übergeordnete transzendente Ordnung zu (be)achten und – wie in der chinesischen Parabel anklingt – unser Verflochtensein mit ihr zu realisieren. In vielen Religionen und spirituellen Traditionen ist sie mit dem vom Beginn des Universums an wirksamen geistig-schöpferischen Prinzip verbunden, das seit Jahrtausenden Tao, Brahman, Allah oder Gott genannt wird.

Auch moderne Naturwissenschaftler scheuen sich nicht, sich darauf zu beziehen, wie etwa der Physiker C. Rubbia: „Als Forscher bin ich tief berührt von der Ordnung und der Schönheit, die ich im Kosmos vorfinde. Und als Beobachter der Natur kann ich den Gedanken nicht zurückweisen, dass hier eine höhere Ordnung der Dinge im Voraus existiert." (zit. n. Imhof, 2019, S. 16)

Die jüdisch-christliche Religion thematisiert immer wieder die Bedeutung der himmlischen Ordnung. Im hochemotionalen Kontext von Psalm 119 wird vermittelt, wie existenziell grundlegend die Orientierung an dieser Ordnung für die Menschen ist und sie lernen müssen, sie zu verstehen. Psalm 119, *Die Freude am Gesetz Gottes (Das Güldene ABC)*, formuliert die Bitte um Hilfe dabei in Not und Gefahr:

Ich schwöre und will's halten: Die
Ordnungen deiner Gerechtigkeit will
ich bewahren. Ich bin sehr gedemütigt:
Herr, erquicke mich nach deinem Wort!
... und lehre mich deine Ordnungen.
Mein Leben ist immer in Gefahr, aber
dein Gesetz vergesse ich nicht.
(Lutherbibel, Psalm 119, 106 -109)

Die Ordnung und Zeichen Gottes zu erkennen, ist auch im Islam ein zentrales Motiv. Im Qur´an sind Wesen, die Zeugnis ablegen, auf die transzendente Ordnung verweisende Zeichen. Die Wunder der vielfältigen und zugleich durch Proportionen auf einander bezogenen Lebensformen sind derartige Zeichen. Ein weiteres: „Täglich sterben unzählige Geschöpfe im Meer, aber sie verschmutzen nicht das Wasser." (vgl. Zeichen Gottes, S. 1)

Dem steht als ein Zeichen für die Bedrohtheit der Ordnung heute die Verschmutzung durch Menschen gegenüber: 2013 befanden sich laut Wikipedia 100 bis 150 Mio. Tonnen Abfälle in den Meeren, 60 % davon aus Plastik.

Jede Sekunde werfen die Menschen
neunzig Kilo Plastik in die Meere [...]
Mehr Plastik als Plankton schwimmt
in den Meeren, ein großer Teil sam-
melt sich in [...] Wirbeln, der größte

Plastik Verschmutzung am Meeresstrand (Foto: Stéphane Bidouze Adobe_Stock 280437400)

[...] entspricht Deutschland, Österreich, Schweiz, Niederlande, Belgien, England bedeckt mit Plastik. Das Leid für die Millionen Fische und Vögel, die daran verenden, ist nicht zu messen. (SZ 22.01.2015, Heft 4/2015)

Es sind alarmierende Zeichen dafür, wie menschliche (Un-)Ordnung natürliche Ordnungen bedroht. Angesichts dessen erscheint es mir essenziell, sich mit dem existenziellen Bedeutungshorizont von Ordnung zu befassen.

Bedeutungskern ist der funktionale Bezug von Einzelteilen zum Ganzen, woraus sich rückwirkend ihre (geordnete) Beziehung zueinander ergibt. Dieser Kern macht den Wert der transzendenten Ordnungen aus und ist maßgebend für alle Bemühungen, existenzielle Ordnungen zu schützen. Er wird erkennbar, wenn wir zur ursprünglichen Bedeutung des Wortes im Griechischen zurückgehen: durch Weben und Wirken „aus verschiedenen Fäden durch kunstgerechte Verknüpfung ein Gewebe anlegen" (Merk, S. 1).

Die Fäden werden aus entgegengesetzten, sich kreuzenden Richtungen miteinander verbunden. Kreuzungspunkt zweier Linien ist seit Beginn der Menschheitsentwicklung ein archetypisches Symbol der Begegnung spannungsreicher Gegensätze in einem energiegeladenen, wirkmächtigen Feld. Die Vierheit des Kreuzes symbolisiert die Ganzheit der Wirklichkeit. Ordnen / Wirken schafft somit Wirklichkeit.

Längst bevor die frühen Menschen das Weben und Wirken für sich entdeckten, machten es ihnen Pflanzen und Tiere vor: In jedem Blatt, in jedem Körpergewebe ist eine Vielzahl von Zellen in bestimmter Ordnung zu einer Ganzheit verbunden. Wie ein Wunder wirkt noch immer – v. a. für Kinderaugen – wenn eine Spinne ein zartes regelmäßiges Gewebe in Hohlräume „webt". Ähnliche Wunder sind kunstvolle Hängenester, die Webervögel aus Pflanzenfasern mit speziellen Knoten und Schlingen herstellen und an Baumzweigen u. ä. befestigen.

Wir bewundern damit die Potenz (in Schellings Naturphilosophie ein grundlegender Begriff der Gestaltbildung im gesamten Naturprozess) der Lebewesen, Ordnungsstrukturen nach einem inneren Plan zu schaffen. Eine herausragende Strukturformel ist die des Goldenen Schnitts (Divina Proportione, Goldenen Mitte), die etwa die Anordnung von Blättern, Blüten- und Samenständen, die Wachstumsspirale des Nautilus-Gehäuses, Hurrikans, galaktische Wirbel, die Innenohr-Spirale, die Gestalt des eingerollten Embryos oder des Farnblatts bestimmt.

Der Goldene Schnitt, erstmals von Euklid beschrieben, bezeichnet eine Proportion von Teilen zum Ganzen, immer steht das Kleinere zum Größeren im selben Verhältnis wie das Größere zum Ganzen. Er ist keine Erfindung von Menschen, sondern ein Ordnungsmuster der Natur, zugleich ein Symbol für die angemessene Beziehung zwischen Teilen und Ganzheit, das analytisch zu erschließen und sinnlich-emotional wirksam ist.

Seit Beginn der Menschheit wird die Proportion des Goldenen Schnitts als Ausdruck von Gleichgewicht, Maß, Regeneration, Harmonie und Schönheit erlebt. Für Aristoteles war das rechte Maß ein Kriterium für ein gutes und gelingendes Leben. Mäßigung als ethische Haltung spielt in den Weltreligionen eine wichtige Rolle. Im christlichen Verständnis ist sie ein Weg zu Gott. Erst im rechten Maß entdeckt der Mensch seine innere göttliche Ordnung. Angesichts der Ausbeutung der natürlichen Ressourcen ist die Fähigkeit der Mäßigung zu einer Überlebensfrage geworden.

Spirituelle und künstlerische Traditionen beziehen sich auf ihn, in ihren Gestaltungen wirkt er auf uns zurück. So verkörpert die Kathedrale von Chartre in ihrem Gesamtentwurf wie auch in vielen Details das Prinzip des Goldenen Schnitts. Eine Statue von Shiva als Herr des schöpferischen kosmischen Tanzes zeigt ihn mit einer Nautilusschale, Symbol der Goldenen Spirale in der Hand. Seine halb geschlossenen Augen veranschaulichen, dass

Die Nautilus-Schale entspricht in ihren Anordnungen dem berühmten goldenen Schnitt. (Foto: VTT Studio AdobeStock 250589988)

sein Bewusstsein im inneren Selbst ruht, während sein Körper in der äußeren Welt aktiv bleibt.

Den Ausführungen C. G. Jungs und M. L. von Franz folgend, scheint mir, dass die geheimnisvolle Formel des Goldenen Schnitts eine archetypische, im Unus Mundus angelegte, unanschauliche Ordnungsstruktur ist, die – wenn sie psychisch wahrgenommen wird – entweder die Form von Bildern oder von geometrischen oder Zahlenstrukturen hat. Denn die menschliche Potenz, transzendente Ordnungsstrukturen wahrzunehmen und Vorstellungen und Ideen von Ordnung zu bilden, beruhe „auf einer angeborenen Disposition in unserer unbewussten Psyche … die sekundär in unserem Bewusstsein den Sinn für die Erkenntnis und auch alle rationalen Formulierungen von Ordnung" erzeuge (v. Franz; 1970, S. 131).

Diese basiere auf der Existenz eines Archetyps der Ordnung, so von Franz. Schon der Physiker Pauli hatte postuliert, dass auch mathematische Urintuitionen „unter den Jung'schen Begriff archetypischer Vorstellungen eingereiht werden sollten." (ebd.) Auf diesem Hintergrund wird die transzendente Bedeutung von Ordnung sichtbarer. Nicht nur werden in einer funktionalen Ordnung zusammenarbeitende Zellen bei allen Lebewesen als Gewebe bezeichnet. Das Gewebe aus senkrecht und waagerecht ineinander geknüpften Fäden ist darüber hinaus ein symbolisches Bild des

Schicksals, in dem das Verwobensein von materieller und spiritueller Dimension, von individuellem und kolletivem Schicksal, von Zeit und Ewigkeit anschaulich wird.

In vielen Mythologien spinnen und verweben die Schicksalsgottheiten den Schicksalsfaden – so wird die griechische Göttin Ananke, Personifizierung von Notwendigkeit und Schicksal, mit der Welt-Spirale in der Hand dargestellt. Sie war anwesend, als das Universum begann. Ihre die Geburt ihres Bruders und Gemahls Chronos bezeichnen die Trennung zwischen dem Äon des Chaos und dem Beginn des Kosmos – in unsere rationale Sprache übersetzt: Kosmos ist von Beginn an mit notwendiger Ordnung verbunden und mit mehr: Ananke wird auch mit der Liebesgöttin Aphrodite und mit Zeus Amme Adrasteia identifiziert, aus deren liebevoller Zuwendung er seine Kraft und Weisheit bezog.

Diese paradoxe Verbindung von Eros und Ananke veranschaulicht die Idee von „amor fati" in ihrer doppelten Bedeutung als Liebe des Schicksals und Liebe zum Schicksal.

Unsere schicksalhafte Verbundenheit mit den natürlichen Ordnungen des Lebens auf diesem Planeten enthält demnach als Kernelement die Liebe zum Leben, sodass wir bewusst oder unbewusst leiden mit der bedrohten Natur, denn, so der irische Philosoph, Priester und Schriftsteller O'Donohue:

> Wir sehnen uns nach einer Ordnung,
> die unser eigenes Wachstum in Harmonie bringt mit der geheimen Ordnung
> der Schöpfung

Zugleich entspringt aus unserem „Intersein" (Wortschöpfung von Thich Nhat Hanh aus dem englischen interbeing) im großen Gewebe des Lebens, dass wir als von Natur aus liebende, mitfühlende und mitleidende Wesen „die Kraft [haben], zu handeln und […] zu heilen" und wir erfahren, „dass ein Handeln, welches dem Leben dient, uns verwandelt" (Macy, S.10; S. 13) und heilt.

Und wir öffnen uns für die Botschaft des durch Polizeischüsse verwundeten Afroamerikaners Jacob Blake aus dem Krankenhaus: „Bitte, ich sage dir, verändere dein Leben da draußen."

Literatur

Abu Zaid, N. H. (2008). *Mohammed und die Zeichen Gottes: Der Koran und die Zukunft des Islam.* Stuttgart: Herder.

Fröbe-Kapteyn, O. (1949). Vorwort. In: Eranos-Jahrbuch. Bd. XVII. *Der Mensch und die mythische Welt.* Zürich: Rhein-Verlag.

Imhof, B. (2019). *Zwölf kosmische Gesetze: Was unsere Welt im Inneren zusammenhält.* Grafing: Aquamarin Verlag.

Macy, J. (1994). *Die Wiederentdeckung der sinnlichen Erde.* Zürich, München: Theseus-Verlag.

Merk, G. *Der Begriff „Ordnung"* PDF https://www.wiwi.uni-siegen.de/merk/downloads/lehrmittel/ordnung.pdf abger. 23.08.20

Neumann, E. (1959/60). *Das Bild des Menschen in Krise und Erneuerung.* In: Eranos-Jahrbuch 1959, Bd XXVIII. Zürich: Rhein Verlag.

Neumann, E. (1961). *Krise und Erneuerung.* Zürich: Rhein Verlag.

Neumann, E. (1986). *Tiefenpsychologie und Neue Ethik.* Frankfurt a. M.: Fischer TB.

Die Werke von Neumann sind bei opus-magnum.de zum kostenlosen download erhältlich.

Monika Rafalski
Jahrgang 1943, Dipl.-Psych., Analytische Psychotherapeutin in eigener Praxis, Dozentin, Supervisorin, Lehranalytikerin am C. G. Jung-Institut Stuttgart. Veröffentlichungen u. a.: Rafalski, M. (2018). *Empfinden, Intuieren, Fühlen und Denken: Die vier psychischen Grundfunktionen in Psychotherapie und Individuation.* Stuttgart: Kohlhammer.

Paare und chronische Erkrankung – Chance zum Wandel?

Friederike von Tiedemann

Foto: fizkes (AdobeStock 285626952)

Wir haben eine Welt von scheinbar grenzenloser Machbarkeit und Selbstoptimierung erschaffen. Markante Botschaften moderner Medien halten diese Illusion täglich lebendig und prägen unser Bewusstsein. Ob bei Bacardi oder Bounty, sei jung, glücklich, gesund, verliebt und schön – vor allem aber sorglos, so lautet das empfohlene Lebenskonzept, von welchem unser Wirtschaftssystem maximal profitiert.

Covid-19 mag dieses Prinzip kurz ins Wanken gebracht haben, aber den Gedanken an unsere Verwundbarkeit oder gar Endlichkeit denken wir weder konkret noch genau. Wir tragen immer noch das Bezugssystem des Paradieses in uns, welches heil(-ig) ist und nach welchem wir uns ungebremst sehnen. Die unabwendbare Wirklichkeit, wie verletzlich unser Da-Sein und unser Körper ist, verdrängen wir.

Ereilt uns dann doch ein Schicksalsschlag, ein Unfall oder die Diagnose einer schweren Erkrankung, folgen wir selbstverständlich einem Heilungsparadigma und hoffen auf die vollständige Wiederherstellung des ursprünglichen Zustandes. Bei Erkrankungen, die länger andauern, sind die Partner*innen (sowie das gesamte Familiensystem) immer mitbetroffen.

Die Veränderungen für ein Paar sind nicht selten hoch bedeutsam, da sich im Paarsystem so gut wie alles ändert und eine tief greifende Krise entsteht. Hinzu kommt, dass von Erkrankung betroffene Partner sich zumeist wenig von einer Beratung erhoffen, denn eine chronische Krankheit von langer und unabsehbarer Dauer, wie Krebs, ein Schlaganfall oder ein Organleiden gehören ihrem Verständnis nach zu der Kategorie der unlösbaren Probleme. „… damit muss man sich arrangieren und eben irgendwie zurechtkommen, wozu Gespräche und wofür?" (Zitat eines Patienten mit Darmkrebs).

Auch wir Therapeut*innen unterliegen der Gefahr des Ausblendens von Teilwirklichkeiten. Wir öffnen dann nicht den Raum für einen angemessenen Ausdruck wichtiger Gefühle. Trauer, Wut und Ärger, die Teil des Prozesses der Krankheitsverarbeitung sind, werden dann von unseren Patienten in einer Art Resonanzreaktion wenig gezeigt. Auch wir hängen am Leben und Wohlgefühl unserer Patienten, wollen nicht wahrhaben, dass ein Tumor inoperabel, eine Lähmung bleibend, ein Muskelschwund fortschreitend, eine Niere ohne Funktion ist.

Die ersten zehn Jahre meiner Berufstätigkeit arbeitete ich in einer neurologisch-orthopädischen Rehaklinik und erinnere gut, wie verlockend es war, in die Hoffnung der Patient*innen auf völlige Wiederherstellung ihrer vorherigen Leistungsfähigkeit mit einzustimmen. Heute frage ich mich, ob dies immer so hilfreich war.

Homöostase und Transformation
Die plötzliche Erkrankung eines Partners bringt eine homöostatische Stabilität im Paarsystem massiv aus dem Gleichgewicht. Das Paar kann sich nicht darauf vorbereiten, sondern es wird unerwartet davon überrascht. Dieser plötzlich eingetretene neue Zustand ist instabil und wird von beiden Partnern als belastend und krisenhaft erlebt. Er fordert zur Veränderung, zur Transformation heraus. Wir erkennen den Entwicklungskeim, der in solchen Phasen der Ungewissheit steckt, oft noch nicht, ahnen nicht einmal, dass im momentan empfundenen Chaos Chancen der Entwicklung für uns selbst und für die Paarbeziehung verborgen sind. Unwillkürlich streben wir danach, mit allen Mitteln die alte vertraute Ordnung wieder herzustellen.

Dabei geht es darum, ein neu, anders als bisher ausbalanciertes Gleichgewicht zu finden und gemeinsam zu gestalten. Das Paar benötigt dazu Zeit, Raum, Austausch miteinander und mit anderen, Begleitung, Halt, Zuversicht und den Dialog, immer wieder den Dialog. Beide müssen in die vielen existenziellen Momente auf dem Krankheitsweg einbezogen sein. Von der anfänglichen Sorge über die Gewissheit der Diagnose und dem damit verbundenen Schock, der Phase des Nicht-wahrhaben-Wollens, des „Warum-gerade-ich", zur Vielzahl an Behandlungsentscheidungen, den Phasen von Aggression und Wut, Trauer und Depression, weil die Wahrheit doch nicht abzuwenden ist, bis hin zur Neuorientierung und schließlich der Annahme der Erkrankung.

Das Mitgehen, das Mitempfinden und Mit(er)leiden des gesunden Partners in dieser Zeit schafft Trost und lindert den Schmerz, wirkt positiv auf das Krankheitsgeschehen: Aber bis heute richten sich die meisten Behandlungs- und Therapiemaßnahmen vor allem an den erkrankten Partner. Ehe- und Lebenspartner*innen bleiben außen vor. Das Paar erhält selten Anleitung, wie es auf der Paarebene mit der Krise umgehen kann, um mit der radikal neuen Wirklichkeit auch dauerhaft zurechtzukommen.

Unter einem systemisch-integrativen Blickwinkel betrachtet, sind Paare ökologische und lebende Systeme, in denen Ereignisse nicht allein linear, monokausal oder analytisch zu betrachten sind, sondern zirkulär. Wenn einem Partner etwas zustößt, geschieht dies nicht isoliert, sondern das Paar-und Familiensystem sowie sein Umfeld sind insgesamt betroffen. Beide Partner stehen in ihren Reaktionen unter gegenseitigem Einfluss, können sich aber je nach gegebenen Rahmenbedingungen und system-immanenten Ressourcen selbst auskalibrieren und ausbalancieren, also neu organisieren.

Das Paar existiert wiederum in einem Kontext anderer Systeme, wie z. B. dem Freundes- und Nachbarschaftskreis, Arbeitskolleg*innen oder dem medizinischen Klinik-und Therapeutensystem, welche Einfluss auf den Umgang des Paares mit dem Krankheitsgeschehen haben. Schließlich sind auch die persönlichen Lebensthemen des Paares entscheidend, auf deren Hintergrund beide Partner unter dem Eindruck chronischer Erkrankung vor eine besondere Herausforderung gestellt sind.

An dieser Stelle lade ich in Vorträgen gerne zu einer kleinen Übung ein, bei welcher ich darum bitte, sich für kurze Zeit als Paar zu fühlen. Einer ist in der Rolle des Erkrankten und sitzt, einer in der Rolle des Gesunden und steht daneben. Unterbrechen Sie also kurz die Lektüre dieses Artikels und stellen Sie sich neben einen leeren Stuhl, in welchen Sie Ihren Partner imaginieren.

Bleiben Sie einen Moment in der Vorstellung, als Paar in diese Situation gekommen zu sein und spüren Sie, wie es sich anfühlt, in der jeweils stehenden oder sitzenden Position zu sein. Wechseln Sie die Position mehrmals und beobachten Sie, was auftaucht.

In der Rolle des sitzenden (erkrankten) Partners entstehen häufig Gefühle von Schuld, Abhängigkeit oder eine Last zu sein, in der Rolle des stehenden (gesunden) Partners das Gefühl von Anstrengung, „Viel Geben", Kümmern, aber auch Einsamkeit. Es ist anscheinend mehr passiert, als dass nur einer krank geworden ist, es ist auch etwas im gesamten Paarsystem geschehen.

Hans Jellouschek hat in seinem Drei-Zeiten-Modell auf eindrückliche Weise veranschaulicht, wie Paare hinsichtlich kritischer Lebensereignisse reagieren.

Das Ereignis – hier die Erkrankung eines Partners – trifft auf ein bestimmtes Zusammenspiel des Paares in der Gegenwart, beeinflusst es, bringt es durcheinander und „stört" die bisherige Selbstorganisation des Paares. Die Art und Weise, wie sich das Paar angesichts der Krise um- oder neuorganisiert, hängt wiederum zusammen mit:

- Lernerfahrungen in der Vergangenheit
- Erfahrungen als Paar aus der gemeinsamen Paargeschichte oder aus vorherigen Paarbeziehungen
- der individuellen Vergangenheit der Partner in ihren jeweiligen Herkunftsfamilien.

Für die Zukunft des Paares steht noch offen, ob die Erkrankung eine Chance oder Bedrohung der Beziehung bis hin zur Auflösung derselben darstellt. Paare stellen sich an dieser Stelle nicht die Frage: „Welche Herausforderung für die Zukunft liegt für uns in einem kritischen Lebensereignis, das uns getroffen hat?" Oder „Welche Chance für Entwicklung liegt in der Krankheit für Dich, für mich, für uns beide?"

Sie möchten stattdessen, dass alles wieder so wird wie früher, wollen eine alte vertraute Homöostase zurückgewinnen. Hier liegt vermutlich eine Ursache des Leidens beider, da die Wirklichkeit sich von dieser Vorstellung unterscheidet.

Nun gibt es zwei Möglichkeiten: Entweder das Paar begegnet dieser Irritation durch Verstärkung des alten Musters, welches oft auch grenzwertig kompensiert war und verstärkt damit die Dysfunktionalität. Oder das ins-Wanken-Geraten der alten Stabilität wird als Chance ergriffen, die alten Muster zu verändern und zu einer neuen Stabilität zu kommen.

Fallvignette

Ein Paar, Manfred und Gertrud, bittet um Beratung. Beide sind Mitte fünfzig, seit dreißig Jahren verheiratet. Gertrud ist im Lehrbereich tätig, Manfred als Führungskraft in einer Firma, die beiden Kinder mit 18 und 23 gerade aus dem Haus. Vor vier Jahren wurde die Frau dialysepflichtig. Dies war ein schwerer Einschnitt in die lang dauernde Beziehung. Der Mann hatte vor zehn Jahren außerdem eine kurze Affäre mit einer Mitarbeiterin, diese aber sofort beendet und hatte die dadurch verursachte Verletzung seiner Frau anerkannt.

Beide glaubten, es sei „Schnee von gestern". Nun gehe es ihnen in der Beziehung sehr schlecht, sie stritten oft und die Atmosphäre sei vergiftet. Bis zur Erkrankung sei eigentlich alles gut gewesen. Er, ein toller Vater, habe sich trotz anstrengender Berufstätigkeit viel um die Kinder gekümmert. Sie habe viele Interessen gehabt und neben der Lehrtätigkeit mit Freude Haus und Garten versorgt, sei gerne gereist und mit Freunden gewandert.

Durch die Erkrankung habe sich alles geändert. Sie sei jetzt nach dem Schulvormittag „erledigt", ihr fehle die Kraft. Den Garten versorge jetzt der Mann alleine und darüber hinaus noch vieles mehr im Haushalt. Sie müsse sich oft hinlegen und ausruhen, eine Menge Zeit kosteten sie die drei Dialysetermine pro Woche. Reisen könnten sie nur mit enormem Organisationsaufwand, um vor Ort Dialyse zu gewährleisten. Der Mann nehme jetzt mehr in die Hand und organisiere das meiste ohne sie. Er verreise oft alleine, worin sie ihn zwar unterstütze, was aber zu immer weniger Gemeinsamkeit führe.

Die Gestaltung ihrer Lebenswelt war bisher auf einen Ausgleich zwischen den Polen Autonomie und Bindung, sowie Geben und Nehmen ausgerichtet und geriet durch die Erkrankung der Frau völlig aus den Fugen.

Nicht nur innere, auch äußere Bedingungen spielen eine wesentliche Rolle, ob und wie die völlige Neuorganisation des Paarsystems gelingt. Sie gestalten diesen – oft lebenslangen – Anpassungsprozess entscheidend mit. Dazu gehören:

- die Art und Schwere der Erkrankung
- persönliche Lebensumstände (Berufstätigkeit, Familien- und Finanzsituation, etc.)
- die Persönlichkeitsstruktur des erkrankten und des gesunden Partners
- vorhandene Resilienzfaktoren beider Partner.

In der konkreten Lebensorganisation des Paares verschieben sich oftmals auf gravierende Weise sämtliche Rollen und Aufgaben. Ich beziehe mich auf Erfahrungen, die ich vor allem in meiner Klinikzeit gesammelt habe:

Veränderung im Paarsystem

- Eine Stütze geht verloren, der gesunde Partner muss Tätigkeiten neu lernen und Verantwortlichkeiten übernehmen, die vorher anders aufgeteilt waren.
- Bei Erkrankung des Mannes muss oft die „Ernährerrolle" (heute immer noch vorwiegend vom Mann getragen) von der Partnerin übernommen werden, was mit der Wiederaufnahme des Berufes, dem Aufstocken oder Neuerwerb eines Berufes einhergeht.
- Der gesunde Partner muss Vermittlerrollen übernehmen, was oft ungewohnt ist, z. B. zwischen dem erkrankten Partner und Kindern oder zwischen dem Erkrankten und Helferpersonen.
- Eine Schieflage von Geben und Nehmen entsteht. Der gesunde Partner wird zum Gebenden, der kranke Partner zum Nehmenden. Damit geht ein Zurückstellen bis Verzichten auf eigene Bedürfnisse des gesunden Partners und der Verlust von Ebenbürtigkeit einher. Der gesunde Partner wird zum fürsorglichen Elternteil, der erkrankte Partner zum hilflosen und abhängigen Kind.
- Versorgungswünsche des erkrankten Partners führen nicht selten nach einer gewissen Zeit zur Überforderung des gesunden Partners.

Veränderung des Umfeldes und der Lebensqualität

- Veränderung der Wohnsituation mit neuer Zimmeraufteilung bis hin zum Umzug bei Einschränkungen des Gehens, wenn ein Rollstuhl dauerhaft benötigt wird oder die Kosten des Hauses nicht mehr gedeckt werden können
- eine allgemeine hohe finanzielle Belastung mit teilweise sozialem Abstieg
- sozialer Rückzug und Veränderung der Sozialkontakte, oftmals daraus folgende soziale Isolierung, daraus resultierend eine stärkere Abhängigkeit vom gesunden Partner, Verlust der dynamischen Balance zwischen Bindungs- und Autonomiewünschen
- Verlust gewohnter, gemeinsamer Aktivitäten
- Veränderung der Gespräche und Themen – alles dreht sich jetzt um Krankheit
- veränderte Körperlichkeit auch hinsichtlich Intimität und Sexualität
- tief greifende Selbstwertkrise beim erkrankten Partner angesichts des Verlustes von körperlicher Attraktivität und Vitalität.

Dem Paar bleibt es nicht erspart, zu einem ganz anderen Zeitpunkt des Lebens sich mit Vergänglichkeit, Sterben und Tod auseinanderzusetzen, als es normalerweise der Fall ist.

(Foto: Kneschke (AdobeStock 116755739))

Emotionale Belastung

Vor allem sind es Schuldgefühle, die in erheblichem Maße auftauchen und zwar einerseits beim gesunden Partner, nicht genügend auf den anderen geachtet, Behandlungen und Untersuchungen versäumt zu haben. Die irrationale Idee, diese oder jene Voruntersuchungen hätten das Unglück doch abwenden können und auch die Sorge, den Partner emotional belastet und damit zur Erkrankung beigetragen zu haben, tragen zu Schuldgefühlen bei. Sie entstehen zusätzlich, wenn der gesunde Partner eigene Bedürfnisse oder Wünsche äußert oder sich diese gönnt.

Andererseits entstehen Belastungen beim erkrankten Partner, weil er glaubt, nur noch eine Last zu sein, nichts zurückgeben, nie einen Ausgleich schaffen zu können oder das geplante Lebenskonzept zerstört zu haben. Ich erinnere den Satz eines Schlaganfallpatienten: „Das Schlimmste sind nicht die Lähmungen, sondern dass ich das Leben meiner Frau zerstöre und ihr all ihre Fürsorge niemals zurückgeben kann."

Eine weitere emotionale Belastung ist die Sorge des gesunden Partners, unter der Last selbst zusammenzubrechen und den erkrankten Partner dadurch im Stich lassen zu müssen. Das viele Teilen, Aushaltenmüssen von Gefühlen des erkrankten Partners, die im Rahmen der Krankheitsverarbeitung auftreten, Angst, Wut, Trauer, Ärger, Bagatellisieren, Neid, Schuld, irrationale Hoffnungen und Verleugnung des Ausmaßes der Erkrankung sind innere Achterbahnfahrten, die der gesunde Partner mitträgt und mitfühlt. Das kostet ebenso seelische Kraft wie die physische Anstrengung durch Pflegearbeit und Verantwortungsübernahme.

Wie kann das innere Chaos, das durch dauerhafte Erkrankung entstehen kann, sich verwandeln in einen Weg des Lernens und der Entwicklung?

Wie können Paare, die auf diese Weise herausgefordert sind, andere Perspektiven finden, sodass sich neue Räume öffnen?

Paare erleben sich in der Regel dann als zufrieden, wenn es ihnen gelingt, sich in einer „dynamischen Balance" zwischen den Positionen, wie oben bereits genannt, zu bewegen. Die Außenbeziehung von Manfred damals und die Erkrankung von Gertrud heute hat diese Balance aus den Fugen gebracht.

Die Krankheit kann auch als etwas Drittes betrachtet werden. Die Frage ist nun, ob dieses „Dritte" in der Paarbeziehung das Paar zu einer neuen Ebene der Verbundenheit bringt, ob es das Paarsystem stärkt und es daran wächst, oder ob es daran zerbricht.

Wie verhalten sich Gertud und Manfred als Paar zu diesem „Dritten" bzw. wie können sie verhindern, sich zu verlieren?

Gertrud müsste sich – als die chronisch Erkrankte – mit dem eigenen Krankheitsprozess auseinandersetzen. Dieser geht mit Trauern und Abschiednehmen von Gesundheit und empfundener Vollkommenheit des eigenen Körpers einher. Sie müsste die Hilfe und Unterstützung von Manfred annehmen, seine konkreten alltäglichen Hilfsangebote wertschätzen und innerlich das Empfinden unerträglicher „Nehmschuld" durch Annehmen und Danken ausgleichen.

Manfred müsste ebenfalls Abschied nehmen von dem, was war. Es kommt einem uneindeutigen Verlust gleich. Solch ein Verlust ist nicht leicht zu integrieren. Die vertraute Person ist noch da, aber irgendwie auch wiederum nicht. Sie ist anders als all die Jahre bisher. Er müsste zu seiner Frau noch einmal neu Ja sagen, sie nehmen, wie sie – jetzt – ist.

In den Beratungen von Manfred und Gertrud kam der Schmerz des Abschiednehmens vom Gesunden nicht vor – an dessen Stelle traten Vorwürfe als Folge der damaligen Verletzung in der Paargeschichte. Die damalige Liebschaft von Manfred war präsenter jetzt als je zuvor. Manfred war fürsorglich an Gertruds Seite, hoffte, es sei nur ein Aufflackern, aber es dauerte an und beide konnten aufgrund des Grolls von Gertrud keine wohlwollende gemeinsame Ebene des Kontaktes mehr herstellen. Im Aufrechterhalten und Nicht-Verzeihen dieser Verletzung hatte sich das Paarsystem auf ungute Weise wieder in ein Gleichgewicht gebracht. Nicht selten kommen mehrere kritische Lebensereignisse (hier die Außenbeziehung und die Erkrankung) zusammen, die das Paar nicht verkraftet. Dann gerät das Paarsystem in Erstarrung oder ist im Begriff sich aufzulösen.

Nach einem einjährigen zähen Beratungsprozess mit vielen Versuchen und Ringen gelang es Gertrud nicht, ihre alte Verletzung loszulassen. Es wirkte wie ein unbewusster innerer Ausgleich von Geben und Nehmen nach dem Motto: „Ich bin dir jetzt zwar eine Belastung, aber damals habe ich auch lange durch Dein Verhalten gelitten." Darunter lag der Schmerz über den aktuellen Verlust physischer Unversehrtheit.

Manfred konnte den Anfechtungen irgendwann nicht mehr standhalten und sich auch nicht angemessen schützen. Er entfernte sich innerlich, sodass er zum Zeitpunkt der letzten Gespräche daran dachte, zu gehen. „Immer diese kleinen Spitzen ... Was soll ich noch alles tun? Ich kann nicht mehr."

Die Tragik dieses Falles soll an dieser Stelle deutlich machen, wie weitreichend eine chronische Erkrankung das Paarsystem erschüttert, aus den Angeln hebt und sogar zum Kippen bringen kann. Hoher moralischer Druck von außen trägt zudem oft dazu bei, dass es zum Auseinandergehen nicht kommen kann und darf. Manfred und Gertrud sind immer noch ein Paar, aber unglücklich. Wie es weiter geht, bleibt offen.

Konsequenzen für die Beratung und Begleitung

Angelehnt an das bekannte amerikanische Stress-Coping-Modell von Hill und Boss löst die plötzliche Erkrankung eines Partners eine Erschütterung des Systemgefüges aus und verursacht damit akuten oder chronischen Stress. Letztendlich entscheiden also vor allem die Ressourcen des Paares darüber, ob und wie es die Krise übersteht. Sie entscheiden, ob es genügend und nutzbringende Bewältigungsstrategien gibt, um dem Stress etwas entgegenzusetzen.

Je ausgewogener eine Paarbeziehung hinsichtlich der Dimensionen Autonomie-Bindung, hinsichtlich der Machtpolaritäten und der Dimension von Geben-Nehmen entwickelt ist, desto größer ist die Wahrscheinlichkeit, dass sich ein neues Gleichgewicht auf gesunde Weise einstellen kann. Bei dieser Sichtweise wird gänzlich darauf verzichtet, nach den Ursachen des kritischen Lebensereignisses zu fragen, nach dem „Woher?" und „Warum?"

Hilfreicher ist es, sich zu fragen, auf welchen Lebenszusammenhang das kritische Lebensereignis trifft, welche Ressourcen hier zur Verfügung stehen und wie diese genutzt und therapeutisch gestärkt werden können.

Ziel ist es demnach, mit der Erkrankung so umzugehen, dass der Stress nicht verstärkt, sondern verringert werden kann. Es wird also eher der Fokus auf das gelegt, „wie" damit umgegangen werden kann, dass jetzt alles anders ist und „wohin" der Weg des Paares in der Zukunft führen könnte. Das Paar braucht eine Vision, mit der Erkrankung gut leben zu können.

Einfluss haben wir auf die Tatsache der Erkrankung nur begrenzt, auf die Stärkung und Aktivierung vorhandener Ressourcen umso mehr.

Wir Helfer sind hilfreich, wenn wir dem Paar durch achtsame Präsenz und kontinuierliche affektive Resonanz einen sicheren Schutzraum geben, in welchem Gefühle aller Art willkommen sind (solange diese sich nicht gegen den Partner richten). Hilfreich sind wir zudem, wenn wir den Prozess im Tempo der Entwicklungsgeschwindigkeit des Paares begleiten.

Tragend dabei ist eine innere Haltung von Respekt für und Vertrauen auf die innewohnenden Kräfte und Tendenzen des Paarsystems, sodass eine Neu-Organisation desselben auf einer anderen Stufe gelingen kann. Es ist zusammen betrachtet eine Haltung der Neugier, Offenheit und Demut vor den größeren Zusammenhängen, auf die wir im Grunde und letztendlich keinen Einfluss haben.

Literatur

Boss, P. (1988). *Family Stress Management.* Thousand Oaks. CA: Sage.

Hill, R. (1949). *Families under Stress.* Westport CT: Greenwood Press.

Jellouschek, H. (2014). *Die Paartherapie. Damit die Liebe bleibt.* Freiburg: Kreuz.

Schuchardt, E. (2018, 14. Aufl.). *Warum gerade ich …? Leben lernen in Krisen.* Göttingen: Vandenhoeck & Ruprecht.

Tiedemann, F. von (2017). *Versöhnungsprozesse in der Paartherapie.* Paderborn: Junfermann.

Welter-Enderlin, R. (2003): *Paare – Leidenschaft und Langeweile.* Freiburg: Herder Spektrum.

Friederike von Tiedemann
Dipl. Psych. ist approbierte Psychotherapeutin, Supervisorin und Lehrtherapeutin für Systemisch Integrative Paartherapie. Als Leiterin des Hans Jellouschek Instituts (HJI) Freiburg-Hamburg professionalisiert sie Paartherapeut*innen im deutschsprachigen Raum. Ihre Arbeitsweise integriert Methoden und Konzepte aus unterschiedlichen Therapieschulen. Sie ist sowohl im klinisch-therapeutischen als auch im Organisationsbereich ausgebildet und langjährig tätig.
Homepage:www.vontiedemann.de
Mail: office@vontiedemann.de

Was man nicht annimmt, kann man nicht verändern. (C. G. Jung)
(Foto: Sven Kristian-Wolf, siehe S. 1)

Wer oder was bedroht die Ordnung?

Dieter Knoll

*Schön ist die Welt,
Wenn das Glück
dir ein Märchen
erzählt...*

Noch ist sie schön und das Problem dieser Welt sind wir Menschen. Im Grunde suchen wir die Harmonie, leiden unter ihrer Abwesenheit und zerstören sie zugleich unentwegt.

Dieser Text konzentriert sich zunächst auf den Gegenpol der Ordnung, das Chaos, die Unordnung. Die Welt geht in Richtung Chaos, das tut sie nicht zum ersten Mal, es gab schon oft Chaos und immer wieder auch Struktur. Derzeit macht sich Verunsicherung breit durch eine Pandemie, die nicht die letzte sein wird. Erinnerungen an Pestzeiten werden wach. Es wäre jedoch naiv zu ignorieren, dass auch schon lang vor dem Erscheinen eines bedrohlichen Virus sehr vieles im Argen lag.

Wir können nicht übersehen, wie wenig in anderen Regionen dieser Welt, sei es aufgrund von Armut, Unterdrückung, sei es durch Besiedelungsdichte, durch rücksichtslose Ausbeutung oder durch Ignoranz der Herrschenden, auf die von Krankheit, Armut und Krieg Betroffenen Rücksicht genommen wird.

Wir erleben eine Klimakatastrophe, massenhafte Fluchtbewegungen.

Die Verteilung des Wohlstands auf der Welt ist in einem empörenden Ungleichgewicht, das auch bei der jetzigen Pandemie sofort den Unterschied zwischen den Bedrohten und den Geschützten sichtbar werden lässt. Die Machtkämpfe um die letzten Ressourcen nehmen bedrohliche Ausmaße an. Die Art wie die uneingeschränkte Marktradikalität des Neoliberalismus mit dieser Erde umgeht, als gäbe es nichts zu bewahren, schreit zum Himmel – falls es dort noch einer hören will.

Die voneinander abgekoppelten ökonomisch-finanzmarktorientierten auf der einen, die produktiv-wirtschaftlichen Prozesse auf der anderen Seite führen dazu, dass sich der Finanzsektor zum eigentlich gewinnerzeugenden Feld und zum kaum mehr kontrollierbaren Selbstbedienungsladen entwickelt hat. Wir können täglich in der Presse lesen, dass es bis in höchste gesellschaftliche Kreise hinein kriminelle Machenschaften gibt.

Zunehmende totalitäre Strukturen unserer Partnerländer entwickeln sich besorgniserregend. Und zu alledem entwickeln sich in vielen Ländern bedrohliche Spaltungen durch die Mitte der Gesellschaft.

Da kann man eigentlich nur noch mit Lessing sagen: „Wer über manche Dinge den Verstand nicht verliert, hat keinen zu verlieren." Im Gegensatz zu früheren Verwerfungen gelingt es uns nun, die Wirschafts- und Finanzwelt zu globalisieren, zugleich aber auch auch das Chaos.

Dies alles zeigt sich auch in einem radikal eingeforderten Wert von Freiheit, der die Verantwortung vergisst. Oft entsteht der Eindruck, dass der Neoliberalismus sich auch im Kleinen, in den Forderungen, sich durch nichts und niemand mehr beschränken zu lassen, spiegelt.

Mit einiger Mühe ist uns in einigen Teilen der Welt das fragile System der Demokratie gelungen. Für mich, als gerade noch im Krieg Geborenen, im Bewusstsein seiner Nähe und sichtbaren Folgen ist Demokratie, trotz aller Kritik an zahlreichen Fehlentwicklungen, ein sehr verteidigungswürdiges Gut, eine zaghafte Hoffnung auf eine menschliche Welt. Mir ist dabei bewusst, dass sie niemals sicher ist, sondern immer in Gefahr. Demokratie, so sagte in einem Podcast der Philosoph Jürgen Manemann „kann definiert werden als die institutionelle Form des öffentlichen Umgangs mit Unsicherheit".

Es droht vergessen zu werden, dass Freiheit auch etwas kostet, etwas von uns fordert, dass sie kein beliebig konsumierbares Gut ist, sondern wir mit unserer Freiheit schnell an die Grenzen der Freiheit des Nachbarn stoßen, dass sie auch ein Ende hat. Das fragile Werk des sozialen Zusammenlebens kann nur in Achtung dieser Grenzen funktionieren.

Man kann auch formulieren, dass der kollektive Schatten während der letzten Jahrzehnte in immer schnellerem Tempo enorm angewachsen ist und die Politik dies entweder profitierend gefördert hat oder höchstens heftpflasterklebend mühsam bemüht war, den zu offensichtlichen Durchbruch dieses Schattens zu verhindern, was allerdings in seiner Wirkung von geringer Dauer sein wird. Unsre moderne Zivilisation wirkt in großen Teilen wie ein Versuch der Abschottung des Bewusstseins gegenüber der Wahrheit.

Ein neues Virus samt seinen Mutanten öffnet nun plötzlich und gewalttätig den Blick auf diese Schatten und schafft enorme Unruhe. Ist die Krankheit ein Symbol? Erscheint in diesem Virus eine komplexe Mitteilung für uns?

Es war zu erwarten, wir wussten, dass so etwas geschehen kann oder kommen wird. Ein Virologe der älteren Generation soll einmal mit einem Lächeln im Gesicht gesagt haben, es sei noch nicht ausgemacht ob der Mensch oder ein Virus den Überlebenskampf gewinne. So wäre also sein Erscheinen ein Hinweis auf einen evolutionären Prozess, der sich unsrer Kontrolle zu entziehen versucht, sofern man ihm einen solchen Willen unterstellen kann.

Jedenfalls scheinen die gesellschaftlichen Reaktionen darauf deutlich symbolhaft bestimmt zu sein. Zunächst wird versucht, alles zu retten, was aus den Fugen geraten könnte. Dieser Versuch heißt nichts anderes, als dass die Gefahr offensichtlich geworden ist oder sich zumindest unbewusst so aufgebäumt hat, dass ungeahnte Gegenkräfte sofort mobilisiert waren. Das Virus ist somit ein Angriff auf unsre Ordnung und zeigt damit, wie angreifbar, wie fragil sie ist. Nun ist sie bedroht, wir empören uns dagegen. Alle möglichen Gruppierungen sehen ihre Freiheit bedroht.

Natürlich sind die Ängste der Menschen gut zu verstehen, die existenziellen Probleme ganzer Gruppen der Bevölkerung, etwa der plötzlichen Isolation von Kindern, Jugendlichen und Familien, der Trennung von älteren Paaren. Es liegt nahe, dass in vielen Ländern die Vorsichtsmaßnahmen kippen könnten in die Gefahr, dass Menschen am Hunger sterben bevor das Virus sie ereilt. Es wird in der Zusammenschau der komplexen Probleme klar, dass wir auf einer Gratwanderung sind und diese verläuft ja bekanntlich auf einem schmalen Pfad zwischen zwei Abgründen. Das macht ein Abwägen der Maßnahmen für alle Entscheidungsträger sehr schwierig. Auf diesem Grat befinden wir uns aber schon seit langer Zeit, es wird nun nur offensichtlicher.

Wenn wir unseren Blick tiefer und weiter werden lassen, dann wird dieses Virus zum Brennglas, das viele Felder in einen Zusammenhang rückt. Und wenn wir durch dieses Brennglas schauen, wird Empörung notwendig, denn die erwähnten Entwicklungen sind allesamt empörend bedrohlich.

Ich empöre mich nicht wegen der Beschränkungen, denen man uns unterwirft, nicht wegen der Einschränkung unsrer Bewegungsfreiheit, aber ich empöre mich darüber, wie wir Kräften und Mächten ausgeliefert sind, die alternativlos erscheinen und diese Welt in eine Krise stürzen, weil der morgige Gewinn den Blick auf das Übermorgen verstellt.

Aber ich empöre mich nicht um der Empörung willen, will keine Kultur daraus machen, will mich nicht dem prinzipiellen Misstrauen ausliefern, das sich gerade breit macht, sich z. B. gegen die Wissenschaftler richtet, die uns mit ihrer Genauigkeit überfordern und gegen die Politiker, die zeitweise ratlos erscheinen. Das Misstrauen gegenüber Intellektuellen hat ja Tradition.

Bei aller Empörung bleibt offen, wer der Retter und Heilsbringer sein soll, denn es gibt ihn nicht. Das Empören wirkt wie der Urappell an die Eltern, aber sie sind ja längst gestorben, selber dement oder eben auch nicht in der Lage, Lösungen zu haben. Wir sind auf für uns unerträgliche Weise mit dem Nichtwissen konfrontiert. Der Philosoph Jürgen Haber Habermas drückte es so aus: „Nie wussten wir so viel über unser Nichtwissen." und er sieht das, was derzeit geschieht als einen Lernprozess mit offenem Ausgang.

Erinnern wir uns: Alles Lebendige ist immer auch in Gefahr, würdigen wir das Risiko allen Lebens, denn es ist schon immer eines gewesen, es ist ein Abenteuer, das wir lieben, auch weil es so abenteuerlich ist. Wir haben das in den letzten Jahrzehnten nur vergessen, uns angewöhnt, in unsrer Region in einer versicherten Welt zu leben, verteidigen seit dem letzten Krieg mit allen Mitteln einen illusionären Sicherheitsstandard. Dazu gehört unser relativer Wohlstand, unsre Autonomie. Das Individuum mit der Illusion seiner persönlichen Freiheit und Selbstoptimierung ist auf dem Vormarsch.

Wir kennen eigentlich das Chaos und wenn nicht aus persönlicher Erfahrung, so doch aus gut dokumentierten Berichten. Wir wissen, dass die großen Kriege noch nicht lang her sind, wir wissen auch zu welcher Vernichtung wir Menschen fähig sind, und wir leben permanent mit der Bombe in vielfacher Hinsicht.

Wolfgang Giegerich weist in radikaler Weise auf die Dimension dieses kollektiven Schattens hin. Er stellt das Ideal des Guten neben die Abwehr des Schattens (1990, S. 25).

In *Die Atombombe als seelische Wirklichkeit – Versuch über den Geist des christlichen Abendlandes* (1988, S. 201) vergleicht er den Prozess der ichorientierten technischen Entwicklung mit dem Geist in der Flasche. Einst frei, wird er nun verfügbar, kontrollierbar, dienstbar. Gefangen in der Flasche drängt er aber Zwangsläufigkeit zur Befreiung (1988, S. 202). In diesem Bild – als seelische Wirklichkeit genommen – stecke die Notwendigkeit der Konfrontation mit der zerstörerischen Sprengkraft auch unsrer eigenen Natur. Dabei gehe es nicht nur um Schattenaneignung und Rücknahme der Projektionen, sondern um eine existenzielle Begegnung, einen Schock.

Schatten ist in dieser Betrachtung nicht etwas, was eben auch dabei ist und irgendwie hinein muss in unser Leben, sondern er hat überdimensionale Macht. Auch in der Verteufelung

Cover des Buches von W. Giegerich, Schweizer Spiegel Verlag 1988

des Bösen, wie wir es ja aus dem Christentum zur Genüge kennen, ist die Faszination davon noch deutlich erkennbar. Man schaue sich einmal die Bilder der Höllenqualen im Dom von St. Giminiano von Taddeo di Bartolo an. Oder man frage sich was eigentlich im göttlichen, befriedeten und harmonischen Paradies eine verführende Schlange zu suchen hat.

Noch weiter geht Giegerich (1992) in einem späteren Artikel, indem er meint, es gehe sogar darum, mit Ereignissen wie Auschwitz, den Glauben an das Gute im Menschen abzutöten, die „der Seele eigene Gewalt" (1992, S. 224) deutlich zu machen. Das „Predigen des Guten", eine verbreitete Art der Pädagogik gegen die Gewalt, habe „primär einen narzißtischen Zweck. Es soll das eigene Bewußtsein

Taddeo di Bartolo (1362-1422): Höllenqualen im Dom von St. Giminian

Exkurs: Die Syzygie Anima und Animus oder: Die Kraft der Liebe und des Todes

Giegerich (1994) vertieft das Thema, indem er die Beziehung von „Anima" und „Animus" (1994, S. 175 ff.) mit ihren Entwicklungsstufen entfaltet. Es muss vorausgeschickt werden, dass er ein anderes Konzept dieser Polarität bzw. Syzygie vorschlägt als Jung.

Für ihn ist das Paar Anima-Animus die überhaupt grundlegende Polarität und psychische Dimension bei beiden Geschlechtern. „Sie ist das Spannungsfeld, innerhalb von dem sich alles, was Psychologie heißt, ereignet." (1994, S. 47) Alle anderen Konzepte sind nachrangig.

Dabei sei die Anima der Anfang der Entwicklung als „der Archetyp, unter dessen Perspektive die psychische Wirklichkeit als das zeitlose Panorama der Bilder, der Ahnen, der Götter erscheint" (1994, S. 40). Sie „verweist uns auf die ganze Phänomenologie der psychischen und archetypischen Wirklichkeit […], die Phänomenologie des Mythos oder des Imaginalen. Sie ist die unerschöpfliche mythenschaffende Tätigkeit der Seele, sie stellt plastische Gestalten vor uns hin, personifiziert, produziert Gehalte, spinnt, dichtet, fabuliert und erzeugt so eine faszinierende Welt vor unseren inneren Augen." (1994, S. 41)

In diese Welt bricht der Logos als „das andere" mit zunächst zerstörerischer Kraft ein, erzeugt einen Bruch, eine Entzweiung, wird zu ihrer Negation. Während Anima noch Substanz ist, ist der Animus substanzlos und reiner Geist. Er entwirft in den verschiedenen Stufen die jeweils veränderten „Stellungen der Seele zur Erfahrung ihres anderen". Gewalt zeige sich auf der noch schamanistischen und magischen Stufe der Anima – bei Jung als „ruchlose Natur" bezeichnet – als noch natürliche Katastrophe, als Fressen und Gefressenwerden, als Zerstörungsprozess, der aber im Sein verstanden werden könne und nicht aus der Weltordnung herausfalle. Der Animus formiere sich dort noch als Gegenpol in Form dieser Gewalten, bleibe

rein und unschuldig halten". (1992, S. 187) Es sei einfach eine Entwertung und Verleugnung der Wirklichkeit.

Der rituelle Akt des Tötens – z. B. in Form des Opfers – sei etwas spezifisch Menschliches, mit dem „Schock des tötenden Axthiebes hat sich die Seele selber aus dem Dunkel der bloß biologischen Existenz herausgeschockt". Es gehe darum, sich „schon in diesem Leben die Erfahrung des Todes zuzufügen und zu eigen zu machen" (1992, S. 203 ff.). Er betont die „Wirklichkeit der Tat" als etwas Göttliches, was sich im Menschen ereignet (1992, S. 208).

Dieses Thema taucht schon in Freuds Theorie der Vatertötung als Ursprung des Über-Ichs auf, einer historisch nicht belegbaren, aber psychologisch interessanten These: Durch den Akt der Tötung entsteht Bewusstheit von der eigenen Destruktivität und die Fähigkeit zur Schuld.

aber im Bann der Anima-Kräfte.

Auf der Animus-Stufe erst trete der Animus der Anima als „reine Negation" gegenüber. Er sei nun „wirklicher Töter", erzeuge wirkliches Herausfallen aus dem Naturkreislauf und wirklichen Verlust der Anima-Unschuld. Dieser Prozess sei immanent, logisch und damit unvermeidbar. Der Ahnungslosigkeit (Anima) stehe zwangsläufig das Mörderische als andere Seite der Syzygie entgegen.

Das Ausmaß des Mörderischen drücke dabei nur den Grad der bisherigen Ahnungslosigkeit aus. Der Mensch habe die mörderische Seele noch nicht wahrgenommen und werde nun dazu gebracht. Dabei gehe es um einen Kampf: Der Animus schafft zwar „den Standpunkt des Ich" (1994, S. 223 ff.), steht aber der Anima noch als Negation gegenüber. Die Positivität erzeuge unwillkürlich Negativität. Ein Beispiel dafür ist das Verhältnis von Recht und Verbrechen – interessant ins Bild gebracht in Kubrick's Film „Urhwerk Orange". Die Aufgabe heißt hier: der Negation ins Angesicht schauen (1994, S. 243). Man könnte sagen, auf dieser Stufe sei die Kraft der Aggression (Negation), des Todes stärker als die der Liebe. Ein hochinteressantes mythologisches Bild dieser Negation ist die im indischen Raum bedeutungsvolle schwarze Kali, mit der es sich zu befassen lohnt.

Animus auf der Stufe der syzygischen Seele ist dann sozusagen volle Entfaltung der Geist-Intention des Animus, die sich nun als Liebe entpuppt, „die sie immer schon war". Es ist dies Liebe in der höchsten Form, nicht natürliche, sondern loslassende Kraft – das Sterbenkönnen – sie will nichts, ist reine Freiheit: Als die Fähigkeit zu sterben ist die Liebe im Menschen auch die Kraft des Verzeihens, des Verzichtens, des sich Versöhnens. Ebenso die Kraft, das, was ist, freizugeben zu seinem eigenen Sein; das Leben, ‚es sei wie es wolle', ‚doch so schön' zu finden; die geschehenen

Malcolm McDowell im Film „Uhrwerk Orange", 1971, Regie Stanley Kubrick

Übel, die Schmerzen nicht als Einwand gegen die Wirklichkeit zu nehmen (1994, S. 244).

Auf dieser Stufe nun könnte man sagen, ist die Kraft der Liebe stärker als die des Todes. Der Geist müsse der Seele nun nicht mehr als Dämon gegenübertreten. Giegerich betont, dass diese Stufe noch nicht geschichtliche Wirklichkeit sei, sie stehe noch aus, deute sich aber an (1994, S. 216).

Mit Hegel könnte man hier formulieren, dass das Erkennen die Wunde heile, die es selber ist. In seinem Entwurf steht Giegerich damit in einer gewissen Verwandtschaft mit Gebser's 1949 erschienenem Entwurf *Ursprung und Gegenwart* und mit Wilber's Weiterführung in *Halbzeit der Evolution* sowie mit Neumanns *Tiefenpsychologie und neue Ethik* mit der Verdeutlichung des Problems des Schattens in seiner kollektiven Wirkung.

Den Begriff des Schattens und seiner Integration sieht Giegerich jedoch noch nicht als die Lösung des Dilemmas. Er grenzt sich von den für ihn noch viel zu hoffnungsvollen Entwürfen ab und kritisiert das Schattenkonzept Jungs als eines, das die Dimension des Problems noch verleugnet.

Und tatsächlich scheint es auch so, als stünden wir angesichts der Gewalt und Brutalität der entfesselten Destruktion mit unserem Konzept der Schattenintegration vor einem nicht gelösten Rätsel. Bei Jung heißt es:

Kali tanzt auf Shiva. (Foto: think4photop AdobeStock 50952249)

Durch die Assimilation des Schattens wird der Mensch gewissermaßen körperhaft und damit tritt seine animalische Triebsphäre sowohl wie die primitive archaische Psyche in den Lichtkegel des Bewußtseins, woraus sie sich nicht mehr mit Hilfe von Fiktionen und Illusionen verdrängen läßt. Dadurch wird der Mensch zu dem schwierigen Problem, das er eben ist.
(Jung, 1981, § 452)

Während es auf der Ebene des persönlichen Schattens um die Integration des Vermiedenen, Ausgestoßenen, Abgelehnten, der eigenen unangenehmen Seiten geht, um die Erkenntnis, dass wir selber die Täter sind, scheint es – nimmt man Giegerichs Thesen ernst – auf der archetypischen Ebene um mehr zu gehen, um das wieder Erkennen des kollektiv Verdrängten, um die im Menschen vorhandene Gewalt an sich, das Inhumane, den Abgrund, die Destruktion, den Tod und um die Aufhebung seiner Verleugnung.

Als profunder Hegel-Kenner geht Giegerich wie jener davon aus, dass sich so etwas wie ein Weltgeist, durch Gewalt, Zerstörung und Blut kämpfen muss.

Es ist deutlich: Auch hier geht es vom Ziel her um Integration, um das Zusammensetzen der auseinandergebrochenen Welt, also um Heilung, die nur gelingen kann, wenn die Teile sich wieder als zusammengehörig erfahren können.

Im alttestamentlichen Christentum wurde diese Trennung strikt vollzogen, das Teuflische als immer zu bekämpfende Gefahr identifiziert. Der Teufel ist die ausgestoßene Kraft, die immer wiederzukehren droht. Anders in Goethes Faust Mephisto: Ich bin „ein Teil von jener Kraft, die stets das Böse will und doch das Gute schafft." Und: „Ich bin ein Teil des Teils, der Anfangs alles war, ein Teil der Finsternis, die sich das Licht gebar."

Der unbewusste Gegenpol des Perfektions- und Sicherheitsbestrebens unserer Zeit scheint die Suche nach der Erfahrung des Todes, auch des Schrecklichen in uns selber zu sein – jedoch bei gleichzeitiger bewusster Vermeidung und Verleugnung dieser Erkenntnis. Mir scheint sich dies auch in der Fantasie einer digital steuer- und kontrollierbaren Gesellschaft oder in den fast absurd erscheinenden, aber nicht unrealistischen Fantasien der Transhumanisten auszudrücken – in der digitalen Welt kann man nicht mehr sterben.

Man kann vor diesem Hintergrund wiederholen, dass die gewaltsamen Brandherde und Konflikte auf der Erde etwas ausdrücken, was in uns allen schlummert und erwachen kann. Wir alle wissen nicht, wer wir im Faschismus gewesen wären. Unbewusst geht es demnach darum, dem harmonisierenden Pol in seiner Positivität, den wir kompensierend und aus Angst aufgebaut haben, die noch immer unverstandene Aggression entgegenzustellen. Dieses wäre nicht einfach ein bewusster Akt sondern eine zwangsläufige Entwicklungsnotwendigkeit.

Vielleicht kommen wir hier wieder auf das zurück, was Freud bei der spekulativ-philosophischen Konstruktion des Todestriebes im Innersten gefühlt und gespürt hat: dass neben dem Eros, der Libido, etwas fehlt, was nach unten, dem Nichts zustrebt. Hier geht es vielleicht auch um die Polarität von Ordnung und Chaos und dass wir immer die Ordnung, auf anderer Ebene die Libido hochhalten, während das Chaos bzw. der Todestrieb die – weil noch nicht zur Genüge gesehen – stärkeren Kräfte sind.

Schauen wir nochmals konzentrierter auf die Lage: Die Versicherungsbemühungen gelten vor allem uns Menschen, alles andere scheinen wir unterworfen oder uns dienstbar gemacht zu haben. Es bedroht uns zwar der Autoverkehr, die Umweltverschmutzung, das Klima, die Flüchtenden, aber kein Bär, kein Dinosaurier oder Säbelzahntiger. Nun kommt so ein kleines „bösartiges" Virus mit dem schönen Namen Corona, hat sich die Krone aufgesetzt und will uns bedrohen.

Zeigt es uns nicht vor allem auch unsere hochentwickelte Verletzlichkeit? Und ist nicht eine andere Verletzung oder besser Kränkung die eigentlich größere: dass in uns allen auch jene Gewalt schlummert, die wir gebannt zu haben glauben und die sich dennoch in verschiedenen Brennpunkten der Welt derzeit kollektiv entlädt.

Die Erkenntnis, dass wir sie nicht beseitigen können, dass sie ein Teil von unserem Wesen ist, dass wir ihr zuweilen ausgeliefert sind, ist eine Kränkung, die wir gerne übersehen würden. Ich frage mich oft, wie unsere funktionierende Gesellschaft und vor allem das soziale Miteinander aus den Fugen geraten würde, wenn morgen die Wasserversorgung, die Tankstellen, die Müllabfuhr nicht mehr so selbstverständlich funktionieren würden.

Wir leben in Zeiten, in denen die Gefahr für soziale Konflikte nicht nur durch Corona enorm steigt, und es bedarf all unsrer Anstrengung, dass wir dagegen unsre Kraft entfalten, mit unserem Schatten umgehen lernen, ihn nicht projizieren und dadurch Spaltungen oder Verschärfungen provozieren, sondern ein Maß finden für der Umgang mit der grundlegenden Unsicherheit menschlichen Daseins. In Erich Neumanns *Tiefenpsychologie und neue Ethik* (1984, S. 107) heißt es:

> Daß das sichere und kollektiv gestempelte Wert-Wissen der alten Ethik aufgegeben und die Zweideutigkeit der inneren Erfahrung gewählt wird, kommt immer wieder dem Individuum teuer zu stehen, denn immer wieder ist es ein Gang ins Ungewisse mit dem ganzen Risiko, welches für jedes verantwortliche Ich das Annehmen des Bösen bedeutet.

Es drängt nun alles auf Veränderung hin, weil die alten Lösungen nicht mehr stimmen, teils geschieht dies in chaotischen Formen, teils aber auch mit schon deutlicheren Zielrichtungen und klarer Erkenntnis dessen, was schon lang nicht mehr gut ist. Gleichzeitig sind auch die Gegenkräfte, das Beharrendkonservative erstarkt. Da die Weise, wie wir unser gesellschaftliches Leben gestaltet haben in der Krise entblößt wird, haben wir nun auch die vielleicht letzte Chance, an den Konsequenzen zu arbeiten für die Umgestaltung unsres Wirtschaftens, unsres Umgangs mit dem Leben, der Natur.

Wie wir es lösen werden? Ich versuche es im Kleinen, im Grunde weiß ich es nicht, ich hoffe nur. Wir bewegen uns auf unsicherem Terrain. Eine Erkenntnis von Balzac fällt mir dabei ein: „Folge nicht denen, die die Wahrheit kennen, sondern denen, die sie suchen."

Ich muss gestehen, dass ich angesichts dieser vielfältigen Gefahren zum Exil neige, zum Rückzug in eine Burg, die nach außen hin mit einer klaren Mauer sagt, dass sie von dieser Welt nichts erwartet, die nach innen hin sich aber einem lieblichen Innenhof zuwendet, in der Mitte ein Brunnen, an dem sich nur Menschen versammeln, die den wirklichen Dialog suchen. Es ist nicht das Virus, vor dem ich mich dorthin zurückziehen möchte, es ist eine Art Resignation vor dem so mageren Entwicklungsstand des Menschen.

Schnell komme ich aber zurück aus dieser Fluchtfantasie und sehe, dass es kein Ausweichen geben kann. Überdeutlich wird klar: Information allein reicht nicht, denn es geht um grundlegende Verunsicherung, gegen die der Intellekt „eine magere Ziege" ist.

Für das Individuum bedeutet dies, dass möglichst viele von uns die Lage und sich selber in ihrer ganzen Unsicherheit und Ungreifbarkeit aushalten und sich in innerer Ruhe aufhalten oder diese suchen, wenn sie verloren geht.

Wir brauchen eine „Haltung", also einen inneren Halt, er kommt nicht von außen. Auch was die viel beschworene Integration des Schattens betrifft, bleiben wir bis zu einem bestimmten Grad ratlos. Es klingt einfach, aber in Wirklichkeit üben wir noch.

Was bedeutet dies für den Umgang mit uns selber? Es bedeutet, dass wir vermehrt darauf achten, wer wir sind, denn wir können uns in solchen Krisen auch ganz gut kennen lernen. Vielleicht stellen wir dann überrascht fest, dass, während wir den Feind im Außen suchten, er sich in uns breit gemacht hat.

Und dennoch oder gerade darum:

Nun aber bleibt Glaube, Hoffnung Liebe, diese drei, die Liebe aber ist die größte unter ihnen.
(1. Korinther, 13)

Literatur

Gebser, J. (1988). *Ursprung und Gegenwart.* Zürich: Chronos.

Giegerich, W. (1988). *Die Atombombe als seelische Wirklichkeit.* Zürich: Schweizer Spiegel Verlag.

Giegerich, W. (1990). *Die Abwehr des Schattens.* In: Guggenbühl, A., Kunz, M. (1990). *Das Schreckliche.* Zürich: Schweizer Spiegel Verlag.

Giegerich, W. (1992). *Tötungen, Über Gewalt aus der Seele.* In: Pflüger, P.M. (1992) *Gewalt-warum? – Der Mensch: Zerstörer und Gestalter.* Olten: Walter.

Giegerich, W. (1992). *Animuspsychologie.* Unveröffentlichtes Manuskript. Stuttgart 1992.

Jung, C. G. (1981). *Die Psychologie der Übertragung.* GW 16. Olten: Walter.

Neumann, E. (1984). *Tiefenpsychologie und neue Ethik.* Kostenloser download bei opus-magnum.de.

Wilber, K. (1984). *Halbzeit der Evolution.* München: Scherz.

Deter Knoll
Dr. rer. soc., Dipl.-Psych., Analytischer Psychotherapeut in freier Praxis.

Bedrohte Ordnungen – What time is it?

Johannes Dürr

Noah sieht die Sintflut. *Die große Flut*, Adi Holzer. Werksverzeichnis 259 (wikimedia)

Problemanzeige

Historisch betrachtet scheinen wir in einer Epoche zu leben, die sich grundlegend von früheren unterscheidet: Einst war es eine fast alltägliche Erfahrung, dass das Leben ständig bedroht ist: z. B. durch Krankheiten, Kriege und Naturkatastrophen. Umso wichtiger war es, sich an vorgegebenen Ordnungsmustern orientieren zu können.

Philosophie und Religion fragten nach dem, was die grundlegenden Prinzipien der Welt sind – so etwa die griechische Naturphilosophie oder die altorientalischen Religionen durch die Ausgestaltung von Mythen. Im Alten Testament heißt es, dass der Gott Israels die Welt in geordneter Weise erschaffen habe, im Christentum wird eine Heilsgeschichte entfaltet.

In heutiger Zeit dagegen sind die Bedrohungen in der Alltagserfahrung der Menschen an den Rand gerückt: Die hohe Lebenserwartung lässt einen vorzeitigen Tod als Ausnahme erscheinen, mit der man nicht ständig rechnen muss. Es gibt eine hohe Erwartungshaltung an die Wissenschaft hinsichtlich der Bewältigung von Krankheiten und Sicherung des Lebens bis hin zu einem Aufhalten oder gar einer Umkehr des Alterungsprozesses. Durch verschiedene Systeme eines Qualitäts- und Sicherheitsmanagements wird versucht, Fehlerquellen völlig auszuschalten.

Bedrohliche Ereignisse stellen zwar infrage, ob es immer so weiter gehen kann: Terroranschläge wie 9/11, Reaktorkatastrophen, Naturereignisse wie der Tsunami 2004 oder umweltbedingte Busch- und Waldbrände.

Aber solche Bedrohungen sind hierzulande existenziell wenig spürbar oder schon wieder in den Hintergrund getreten. Auch die große Zahl von Flüchtlingen und Zuwanderern 2015

Das Zentrum von Namie ist eine Geisterstadt.(Namie, Präfektur Fukushima, Japan, 12. April 2011.) Am 12. April beschloss die Regierung die Evakuierung der außerhalb der 20-Kilometer-Zone gelegenen Orte, darunter Namie weil die Jahresstrahlendosis dort auf 20 Millisievert (mSv) oder mehr geschätzt wurde. Für Namie ergab sich eine Schätzung von 300 mSv (wikimedia)

kann zwar als Herausforderung angesehen werden, erwies sich aber nicht als elementare Bedrohung der bestehenden Gesellschaftsordnung.

So etwa die Einschätzung eines groß angelegten Forschungsprojekts: Beim Tübinger Sonderforschungsbereich *Bedrohte Ordnungen* wird eine Vielzahl von bedrohlichen Ereignissen von Antike bis zur Gegenwart untersucht. Festgestellt wird, dass Gesellschaften über die Zeiten hinweg auf Bedrohungen mit bestimmten Mechanismen reagieren, dass es jedoch selten derart schwere Ereignisse gibt, dass sie zu einem epochalen Wandel der Ordnungsmuster führen.

Die Frage ist allerdings, ob sich inzwischen durch die Corona-Krise eine epochal neue Situation ergeben hat. Vergleichbar einschneidende Maßnahmen aufgrund einer Krise gab es bisher jedenfalls nicht.

So kann die Krise als erstes echtes Beispiel einer bedrohten Ordnung unserer Zeit verstanden werden. Sie ist im Gegensatz zu anderen Krisen existenziell massiv spürbar. Zwar lernen viele inzwischen, sich anzupassen und mit der Bedrohung zu leben. Man spricht schon von einer „neuen Normalität". Zugleich aber wird thematisiert, dass man aus der Corona-Krise lernen könne und müsse im Blick auf eine noch viel massivere Krise: den Klimawandel mit seinen katastrophalen Auswirkungen in Verbindung mit der Gefährdung der gesamten Mitwelt. So lassen sich bereits Ansätze erkennen, den bisherigen Lebensstil mit seiner imperialen ressourcenschädigenden Lebensweise zu ändern: weniger Konsum, weitgehender Verzicht auf Flugreisen, Verlangsamung des Lebens mit Zeitgewinn für Beziehungen etc.

Noch aber ist es viel zu früh einzuschätzen, wie die weitere Entwicklung verlaufen könnte: Ob es zu einer epochalen Neuorientierung kommt oder ob versucht wird, die Bedrohung mit bewährtem Krisenmanagement zu bewältigen. Doch reichen die ökologischen Akzente staatlicher Maßnahmen zu einer resilienten Weiterentwicklung der bestehenden Ordnung aus oder braucht es nicht eine grundsätzliche Änderung des bisherigen Wachstumsparadigmas?

Dazu sollen nun zwei Deutungsansätze zu „bedrohten Ordnungen" und ihrer Bewältigung beschrieben werden.

Schöpfungsordnung und Chaos: biblisch-theologische Gesichtspunkte zum Thema

In Genesis 1,1-2,4 wird eine Schöpfungsordnung entfaltet, mit der ein ursprüngliches Chaos gebändigt und eine geordnete Welt geschaffen wird. In kunstvoller Weise werden dabei Lebensräume und Lebewesen einander zugeordnet. Primäres Motiv der Darstellung ist nicht die Frage nach dem Ursprung, sondern nach dem aktuellen Bedrohtsein von Welt, Mensch und den Geschöpfen. Der Text entstand in einer Krisenzeit, als die staatliche, gesellschaftliche und religiöse Ordnung zerbrochen war und die führenden Schichten Israels ins Exil nach Babylonien deportiert waren. Er nimmt Bezug auf altorientalische Kosmologien, bei der die bestehende Ordnung Ergebnis des Kampfes verschiedener Gottheiten ist.

Dem wird gegenübergestellt, dass sich die Überwindung des Chaos der Inspiration des göttlichen Geistes verdanke. Allerdings ist diese Ordnung immer wieder neu gefährdet, indem sich der Mensch zum Maßstab aller Dinge macht – „sein will wie Gott" (1. Mose 3,5) und es so zum Ansteigen von immer mehr Bosheit kommt, die diese Ordnung bedroht.

So gehört komplementär zur Schöpfungsgeschichte die Sintflutgeschichte. An ihrem Ende wird dann zugesichert, dass die Erde trotz aller Bedrohtheit Bestand haben soll. Dafür werden Konfliktregelungen getroffen, die auch in einer bedrohten Ordnung dafür sorgen sollen, dass Leben nicht ausgelöscht wird, sondern sich immer neu regenerieren kann (Näheres in 1. Mose 9, 3.4). All dies wird besiegelt mit einem Bund zwischen Gott und Menschen im Zeichen des Regenbogens.

Im Einzelnen sorgt die Tora, die göttliche Weisung dafür, dass ein Leben in Gerechtigkeit und Frieden möglich wird, zusammengefasst in den Zehn Geboten, in denen sowohl die Beziehungen zum Gott Israels wie die Institutionen menschlichen Zusammenlebens reguliert werden. So wird es zum Bestandteil weisheitlicher Erkenntnis, dass Gott alle Dinge weise geordnet habe (siehe Weisheit Salomos 11,21; Hiob 38, 4-11; Psalm 104, 24:

Herr, wie sind deine Werke so groß und viel! Du hast sie alle weise geordnet, und die Erde ist voll deiner Güter.

Doch schon in alter Zeit, so im Hiobbuch, wird die Frage gestellt, warum der Gerechte leiden muss – wie es zu unsäglichem Leid kommen kann, auch ohne dass dieses eine Folge menschlichen Fehlverhaltens wäre. Entsprechend lässt sich heute fragen, ob es zu Krisen wie Corona überkommene religiöse Deutungsmuster von allgemeiner Überzeugungskraft gibt und ob dem Schöpfungsgedanken nicht ein abgründiges bedrohliches Element innewohne.

Auch in der modernen Naturwissenschaft lassen sich zwei Prinzipien feststellen: Das Bestehen gesetzhafter berechenbarer Ordnungen wie auch unberechenbare Zustände im Gefolge der Quantenphysik, wobei der Zufall jenseits aller Ordnung durchaus als Quelle von Innovation und Neuschöpfung verstanden werden kann.

Die Entstehung höherer Lebensformen hat als Voraussetzung katastrophale Ereignisse etwa in Gestalt von Supernoven oder Kollisionen von Himmelskörpern. Ist die Menschheit dann nur ein Zufallsprodukt in einem lebensfeindlichen Universum? Oder gibt es so etwas wie eine zielgerichtete Entwicklung hin auf menschliches Leben? Diese setzt doch geradezu unwahrscheinliche Konstellationen physikalischer Grundkräfte voraus: die Wechselwirkungen Kernkraft, elektromagnetische Kraft, elektroschwache Kraft und Schwerkraft. Alles nur blinder Zufall?

Doch dass der Zufall blind sei, ist schon zu viel gesagt, weil nicht gewusst werden kann, was der Zufall wirklich ist. Jedenfalls ist er ein anderes als Ordnung, bleibt Rätsel und Geheimnis. So stellt sich für Christen nun die Frage, wie Gott in diesem Zusammenhang zu denken ist: Kann er als Herr des Geschehens gelten, gleich ob es sich um Ordnung, um chaotische Zerstörungskraft oder um Zufall handelt? Oder erweist sich Gott als „Geheimnis der Welt" nicht vielmehr als Allmacht der Liebe, die auch im Leiden und Mitleiden wirkt? – Erfahrbar darin, dass sich Menschen angesprochen wissen, inmitten aller Ungewissheit nicht gleichgültig zu sein, sondern verantwortlich zu handeln aus der Liebe zum Leben heraus und getragen von der Hoffnung, dass diese Welt anders und besser sein könnte – entsprechend der Vision von Jesus vom Reich Gottes, das heute schon beginnen kann – und gemäß den Worten des Paulus in Römer 8,22: „Wir wissen, dass die ganze Schöpfung bis zu diesem Augenblick seufzt und in Wehen liegt" – dass also die bestehende Schöpfung-Ordnung nicht das letzte Ziel der Entwicklung ist, sondern dass die Geburt einer neuen Schöpfung noch aussteht.

Ordnungen, Institutionen und ihre Gefährdung

Eine andere Betrachtungsweise, wie z. B. das Projekt des Sonderforschungsbereichs *Bedrohte Ordnungen*, geht von einer Erhebung von Strukturen aus und fragt, welches

Verhalten sich angesichts bedrohter Ordnungen finden lässt. Ordnungen werden dabei verstanden als Ordnungs- und Regelsysteme, welche das soziale Verhalten von Einzelnen, Gruppen oder ganzer Gesellschaften strukturieren und stabilisieren. Dabei können Ordnungen betrachtet werden als Werteordnung und Normensystem, das auf Grund- und Menschenrechten basiert, und zugleich als Institutionen, die soziale Zusammenhänge beschreiben wie etwa Familie, Bildungseinrichtungen, Religionsgemeinschaften, Rechtssysteme, aber auch Kodexe für Sitten und Konventionen.

Als bedroht können Ordnungen angesehen werden, wenn Menschen das Vertrauen in gewohnte Abläufe verlieren, wenn Verhaltensweisen infrage stehen – in der Corona-Krise z. B. soziale Distanz gefordert ist und das Tragen von Masken – und wenn unsicher geworden ist, wie sich die Dinge weiter entwickeln können. Nun sind die Verhaltensmuster ja im Zeitalter globalen Austauschs in Fluss gekommen: Ungleichzeitigkeiten und unterschiedliche Kulturen und Milieus bestehen nebeneinander – oder geraten miteinander in Konflikt. Gefordert wäre eine „Ambiguitätstoleranz", d. h. die Fähigkeit, auch mehrdeutige Situationen und Widersprüchlichkeiten auszuhalten und nach Lösungen zu suchen, wie ein Miteinander im Frieden möglich ist.

Aber ist das nicht für Viele eine Überforderung? Konservative Soziologen wie Arnold Gehlen und Helmut Schelsky sahen Institutionen als Instinktersatz, um Verhaltensweisen zu stabilisieren. Im Zuge der Emanzipation von überlieferten Mustern und Autoritäten hat sich jedoch eine selbstbestimmte Art des Verhaltens und Handelns entwickelt bis dahin, dass ein „erschöpftes Selbst" (Alain Ehrenberg) sich mit seiner Selbstperfektionierung überfordert.

Die Corona-Krise hat nun zu weiterer Verunsicherung und Unübersichtlichkeit geführt. Zwar könnte diese Krise durch wirksame Impfstoffe überwunden werden, und es kann zu Formen einer neuen Normalität kommen.

Doch die Krise hat zeitweise die andere Krise von viel größerer Tragweite in den Hintergrund treten lassen: die ökologische. Wenn Klimaerwärmung und Umweltzerstörung nicht gestoppt werden, wird diese Erde immer weniger bewohnbar sein, und es wird zu massiven sozialen und politischen Konflikten kommen. Es ist fraglich, ob die nötigen Umstellungen durch technische Innovation erreicht werden können oder ob sich nicht das gesamte Wachstumsparadigma ändern muss.

Dies würde jedoch epochale Veränderungen der Lebensweise auf dem gesamten Globus erfordern. Somit würde das Thema „bedrohte Ordnungen" sich verschärfen in Richtung der Frage, ob die Menschheit heute nicht an einer Epochenschwelle steht mit weitreichenden Folgen für Ökonomie, Technologie, Kultur und Sozialstruktur.

Wie wird die Gesellschaft reagieren?
Eine Tendenz, die sich abzeichnet, ist die Leugnung notwendiger Veränderungen und die Befürwortung scheinbar einfacher Lösungen, wie dies für den Populismus gilt. Er beruft sich auf einen „Common Sense", d. h. was den „gesunden Menschenverstand" einer „schweigenden Mehrheit" ausmachen soll im Gegensatz zu politischen und wissenschaftlichen Eliten, die als korrupt und amoralisch gelten. Statt zu differenzieren wird polarisiert und Politik auf einzelne Personen fokussiert. Erwartet wird, dass „starke Männer" etwas bewirken.

Traditionell ist der Populismus in Lateinamerika (dort primär als Linkspopulismus). Signifikant ist inzwischen die Zunahme des Rechtspopulismus: in den USA zuletzt durch die Wahl von Trump, aber auch in Frankreich (Le Pen), Italien (Salvini), Ungarn (Orban) sowie weiteren Ländern – in Deutschland durch die AfD. Oft sind es die Verlierer in der Gesellschaft, die sich benachteiligt fühlen. Die Identität der eigenen Bezugsgruppe wird als substanziell angesehen, bedroht durch die „Anderen" wie Muslime oder Fremde.

Teil dieser Ausrichtung sind auch fundamentalistisch geprägte religiöse Gruppen, so die Evangelikalen in den USA oder in Lateinamerika (Brasilien mit Bolsonaro). Fundamentalistische Gruppen sehen ihre religiöse Identität durch Auswirkungen der Moderne gefährdet: eine Relativierung der Familie durch andere Lebensformen oder der Sexualmoral – hier gelten Abtreibung und Homosexualität als besonders bedrohlich und werden teils massiv bekämpft. Als Fundament der eigenen

Fotocollage: Freiheitsstatue versinkt im Meer. (Pixabay 5201415)

bedrohte ordnungen

Orientierung dient ein wörtliches Verständnis der Bibel, das durch historisch-kritische Forschung und eine evolutionär-materialistische Weltanschauung infrage gestellt sei. Vergleichbare Tendenzen finden sich auch in anderen Religionen.

Dazu kommt: Öffentliche Ordnung und staatliche Institutionen geraten zunehmend unter Druck. Ordnungskräfte wie Polizei, aber auch Rettungsdienste und Feuerwehr sowie politische Amts- und Mandatsträger erleben immer häufiger Widerstand und tätliche Angriffe.

Eine aktuelle Studie der Bertelsmann-Stiftung aufgrund einer Befragung im Juni 2020 besagt allerdings, dass der Populismus keine Bedrohung der bestehenden Ordnung sei und eher zurückgehe. Auch die Corona-Krise würde dem Populismus nicht Vorschub leisten: Je nach Umfrage stimmen bis zu 90 Prozent der Bevölkerung den Maßnahmen von Bund und Ländern zu.

Aber wie sieht es weltweit aus? Demokratien und ihre Institutionen geraten zunehmend unter Druck. Sind bedrohte Ordnungen eine Herausforderung, die sich bewältigen lässt, oder vollzieht sich derzeit ein epochaler Wandel, der grundsätzlich neue Narrative, Verhaltensweisen und Instrumente der politischen und gesellschaftlichen Akteure erfordert?

What time is it – was ist an der Zeit?

Die Corona-Krise hat gezeigt, wie sich die Frage nach einer bedrohten Ordnung global stellen kann. Dabei war zu erkennen: Wenn eine Krise als existenziell bedrohlich sinnlich-emotional erlebt wird, lassen sich massive Veränderungen des öffentlichen Lebens durchsetzen. Dies kann dann zu einer neuen Normalität führen einschließlich bestimmter Vorsorgemaßnahmen, doch die Lebensweise muss sich nicht grundlegend ändern.

Anders ist es, wenn sich erweist, dass der bisherige Lebensstil nicht zukunftsfähig ist, weil wachsender Konsum und Ressourcenverbrauch zu einer globalen ökologischen Krise führen, bei der weite Teile der Erde nicht mehr bewohnbar sind. Werden sich die Hoffnungen auf technische Innovationen und Lösungen erfüllen, oder muss das bisherige Wachstumsparadigma nicht grundsätzlich infrage gestellt werden? Dies würde dann in der Tat einen epochalen Wandel erfordern, vergleichbar dem Epochenwandel zu Beginn der Moderne und der wissenschaftlich-technischen Zivilisation.

Epochenbrüche sind allerdings eher als Epochenschwellen anzusehen, in denen sich ein Strukturwandel verdichtet. Als eine solche Epochenschwelle kann der Übergang in die heutige Postmoderne angesehen werden, gekennzeichnet durch ökonomischen Wandel in Richtung einer Wissens- und Dienstleistungsökonomie, durch Digitalisierung, kulturelle und ökonomische Liberalisierung und Globalisierung. Wurde dieser Übergang zunächst als Gewinn betrachtet, so hat sich inzwischen eine Fortschrittsskepsis ergeben.

Es hat sich gezeigt: Es braucht eine Neujustierung der Aufgaben von Staatlichkeit. Die Qualität öffentlicher Güter und Einrichtungen muss gesichert werden: Gesundheit, Bildung, Wohnen, Mobilität, Energie. Und es muss Vorsorge getroffen werden gegen Pandemien, digitale Crashs, Gewalt, Hass und Terror und zugleich für Katastrophenfälle, wie sie durch die Klimaveränderung vermehrt auftreten.

Zugleich braucht es eine Änderung des Bewusstseins und des Lebensstils in Richtung auf eine neue Genügsamkeit und eine solidarische Lebensweise – letztlich die Vision einer Weltfriedensordnung, die dafür sorgt, dass es für alle Menschen ausreichend Lebensmöglichkeiten gibt.

Es bleibt zu befürchten, dass die Menschheit dieser Aufgabe nicht gewachsen ist. Umso wichtiger ist es, an spirituelle, weltanschauliche und religiöse Ressourcen zu erinnern, um zu erkennen, was an der Zeit ist und was getan werden kann, damit sich die Zeiten ändern.
In diesem Sinn sei zum Schluss Judith Butler zitiert. In Anlehnung an Hegel spricht sie von einer zeitlichen Desorientierung, die aufgekommen ist. Darin sei auch die Frage aufgeworfen: „Welche Zeit haben wir?"

Angesichts der Befürchtung, der nächsten Generation eine zerstörte Welt zu hinterlassen, könnten wir uns zwei Fragen vor Augen halten: „Wie kann uns dieser Sinn für die Zerstörung der Welt einen Weg nach vorne weisen? Und: Wo und wie kommen wir dahin, … das Leben, das wir in dieser historischen Zeit führen, zu bejahen?" Viel Zeit ist nicht mehr, um diese Fragen zu beantworten.

Literatur
Butler, J (13.02.2020). *Warum jetzt.* In: Die Zeit Nr. 8. Hamburg: Zeitverlag.

Dürr, R., Frie, E. und Meier, M. (Hrsg.) (Publikationsreihe ab 2014). *Bedrohte Ordnungen.* Tübingen: Siebeck und Mohr.

Reckwitz, A. (2019). *Das Ende der Illusionen. Politik, Ökonomie und Kultur der Spätmoderne.* Berlin: Suhrkamp.

Johannes Dürr
Pfarrer i.R., Tübingen, geb. 1946, Studium der Kirchenmusik in Esslingen und der Theologie in Tübingen, Göttingen und Mainz, Musikrepetent am Evang. Stift Tübingen, Gemeindepfarrer in Burladingen, Esslingen und Ditzingen, seit 2015 Landesvorsitzender der Evang. Akademikerschaft in Württemberg.

„Der Immer-Weiter-Schneller-Mehr-Kapitalismus muss aufhören"

Wolfgang Kessler

Seit Jahrzehnten steht die kapitalistische Weltordnung im Brennpunkt der Kritik – aus guten Gründen. Schließlich wird die Kluft zwischen Arm und Reich weltweit immer obszöner; die Treibkräfte des hemmungslosen Wirtschaftswachstum heizen das Klima auf; die Sachwalter des großen Geldes sind oft genug mächtiger als demokratische, gewählte Regierungen; der egomanische Run zu Ruhm und Reichtum gefährdet den Zusammenhalt von Gesellschaften – in Deutschland und weltweit.

Doch viele Jahrzehnte prallte diese Kritik an den Gewinnern des Systems und ihren wirtschaftlichen Lobbys ab. Sie verschanzten sich hinter den Errungenschaften, die der globale Kapitalismus zweifelsohne hervorgebracht hat: Nur mithilfe der gewaltigen Produktivkräfte dieses Systems sei es gelungen, in den vergangenen zwanzig Jahren mehr als eine Milliarde Menschen aus der Armut zu befreien. Über den Preis dieses Erfolgs wurde geflissentlich geschwiegen.

Bis das Corona-Virus kam. Es entlarvte die Ideologie von einem Markt, der allen Krisen widersteht, und vom Egoismus der Einzelnen, der zum Wohlstand Vieler beiträgt. Schon wenige Tage nach dem Ausbruch der Pandemie brachen die Märkte zusammen. All ihrer Bekenntnisse zum Markt trotzend, riefen Unternehmer und Börsianer nach dem sonst verhassten Staat.

Ein Weckruf für die Menschheit

Seitdem wächst die Kritik an der herrschenden Wirtschaftsordnung, auch in konservativen Kreisen. „Die Pandemie ist ein Weckruf an die Menschheit, mit Natur und Umwelt anders umzugehen. Der „Immer-Weiter-Schneller-Mehr-Kapitalismus muss aufhören", sagte Entwicklungshilfeminister Gerd Müller Anfang Mai 2020. Im September 2020 warnte Bundeswirtschaftsminister Peter Altmaier, viele Jahre lang als Bremser der Klimapolitik bekannt, vor einer „drohenden ökologischen Katastrophe", wenn die Politik nicht bald radikalen Klimaschutz betreibt.

Wie recht Gerd Müller mit seiner These vom Weckruf hatte, zeigt sich daran, dass das Virus jene sozialen, machtpolitischen, ökologischen und globalen Verwerfungen verstärkte, die seit Jahren die Diskussion beherrschen – in Deutschland und weltweit.

Jedes Jahr fasst das Deutsche Institut für Wirtschaftsforschung in Berlin die soziale Spaltung der deutschen Gesellschaft in Zahlen: Rund 13 Millionen Bundesbürger leben in äußerst prekären Verhältnissen. Gleichzeitig nimmt der Anteil der zehn Prozent reichsten Deutschen am privaten Gesamtvermögen ständig zu. Inzwischen besitzen sie rund zwei Drittel des privaten Gesamtvermögens.

Die Pandemie legte die sozialen Risse in der deutschen Gesellschaft schonungslos offen: zwischen angestellten Gutverdienern im Home Office und prekär Beschäftigten in Schlachthöfen und anderswo; zwischen Frauen und Männern; zwischen jenen, die am Stadtrand mit Garten leben und jenen in anonymen Hochhäusern am Rande großer Städte; zwischen Kindern aus Mittelstands-Familien und jenen aus ärmeren Familien, denen es an Möglichkeiten für das digitale Lernen fehlt. Diese Risse nur mit kurzfristigen staatlichen Hilfen zu kitten, ohne die ungerechten Strukturen anzugehen, wird die Probleme nicht lösen.

Plötzlich fielen auch die neuen Machtstrukturen des Kapitalismus auf. Denn sie durchdringen längst auch den Sozialstaat. Die Öffnung des Sozialsystems für den Markt Mitte der 1990er Jahre hat Gesundheit und Pflege verändert. Inzwischen befinden sich 45 Prozent der Krankenhäuser und 25 Prozent aller Pflegebetten in der Hand von Großkonzernen und Finanzinvestoren. Diese Investoren sind oft weder an Kranken noch an Pflegebedürftigen interessiert, sondern an hohen Renditen für Ihre Anleger. Krankenhäuser und Pflegeheime müssen deshalb ihre Kosten so niedrig wie möglich halten. Da die Politik ein System von Fallpauschalen zur Abrechnung der Kosten in den Krankenhäusern einführte, werden Routine-Operationen bevorzugt, die viel Geld bringen. „Wir haben die perverse Situation, dass der Druck des Geldes über dem medizinischen Sachverstand steht.", sagt der Hamburger Ärztepräsident Pedram Emami ganz offen.

Es sind die Folgen der ungelösten Finanzkrise von 2008. Sie hat das große Geld in wenigen Finanzfonds konzentriert, die von der Politik – im Gegensatz zu den Banken – so gut wie nicht reguliert werden. Entstanden ist ein Investoren-Kapitalismus, der die ganze Welt dem Rendite-Denken der Anleger unterwirft. Ein Beispiel dafür ist die digitale Welt. Sie liegt in den Händen von den US-amerikanischen Großkonzernen Alphabet (Google), Facebook, Microsoft oder auch Zoom, ein Unternehmen, das die Veränderung zu Homeoffice und Videokonferenzen für sich zu monopolisieren wusste. „Wir erleben gerade eine Zerstörung der freien und sozialen Marktwirtschaft, vor allem im digitalen Sektor", sagte der Philosoph und Publizist Richard David Precht im Spiegel vom 30. August 2020.

In Argentinien und Bolivien wird der Chaco-Dornenwald (A) mit einer Geschwindigkeit abgeholzt, die als eine der höchsten der Welt gilt (B), um dem Sojabohnenanbau (C) Platz zu machen. (wikimedia)

Der Virus der globalen Zerstörung

Deutlich wurde auch, wie sehr die globale Industrialisierung Umwelt und Klima bedroht. Kaum wurden die Industriebetriebe in Norditalien und in China heruntergefahren, reduzierte sich die Luftverschmutzung über Mailand von Tag für Tag, sahen Millionen Chinesen wieder den Himmel. Weltweit ging der Ausstoß des klimaschädlichen Kohlendioxids zurück. Ein Grund zum Jubeln ist dies nicht. Es beweist nur, wie sehr die globalen Träume von kapitalistischer Massenproduktion und Massenkonsum Menschheit und Umwelt bedrohen.

Während immer mehr Menschen um mehr Lebenschancen in einer Weltwirtschaft kämpfen, sind die Ressourcen von der Natur begrenzt: Rohstoffe werden knapper, ihre Ausbeutung teurer; das Klima wird erhitzt, es gibt Kriege um Rohstoffe, um die Macht in der Weltwirtschaft. In vielen Staaten wächst die Gewalt. Weltweit fliehen 60 Millionen Menschen vor Massenarmut, Gewalt, Krieg und der Erderhitzung. Wirbelstürme, Brandkatastrophen, Überschwemmungen und Dürren sind Vorboten der „ökologischen Katastrophe, von der Peter Altmaier spricht.

Auch der neoliberalen Globalisierung verpasste die Pandemie einen Dämpfer. Angeheizt durch einen (fast) freien Fluss von Kapital und Informationen, ist seit den 1990er Jahren eine globale Arbeitsteilung entstanden, die

Papst Franziskus I., Segen spendend auf einem menschenleeren Petersplatz.
(Foto: AdobeStock 198599582)

jeden Kostenvorteil auf der Welt ausschöpft, um Waren möglichst billig herzustellen. Diese Entwicklung wurde für das deutsche Wirtschaftsmodell zur Erfolgsgeschichte. Davon profitierten die exportstarken deutschen Unternehmen ebenso wie die deutschen Konsumenten, weil immer billigere Waren zur Verfügung stehen – während die Umweltkosten ausgelagert wurden.

Doch der Lockdown in Teilen der Welt brachte die existenzielle Abhängigkeit Deutschlands von globalen Lieferketten ans Tageslicht. Die Herstellung von Medikamenten wurde nach China und Indien verlagert. Digitale Technologien liefern US-Konzerne. Die globale Fleischproduktion dringt immer weiter in den Dschungel vor. Dort nisten Wildtiere, die von Viren befallen sind. Diese Viren können dann auf die Nutztiere überspringen. Längst führt der hohe Futtermittelbedarf der Massentierhaltung zur Rodung von Wäldern – am Amazonas und anderswo.

Der globale Kapitalismus hat Wirtschaftswachstum geschaffen und Arbeitsplätze – aber zum Preis von Ausbeutung, Umweltzerstörung und einer Beschleunigung des Lebens, die Papst Franziskus während des Lockdowns auf dem menschenleeren Petersplatz auf den Punkt klar benannt hat:

> In unserer Gewinnsucht haben wir uns ganz von den materiellen Dingen in Anspruch nehmen und von der Eile betäuben lassen. Wir sind unerschrocken weitergerast in der Meinung, dass wir in einer kranken Welt immer gesund bleiben würden.

Krise als Kairos?

Doch die Pandemie zeigte, dass es anders geht: Zum ersten Mal seit Jahrzehnten räumten Regierungen dem Schutz der Gesundheit Vorrang ein vor dem Wunsch nach Wirtschaftswachstum. Diese Erfahrung, nicht für immer sklavisch Wirtschaftsinteressen folgen zu müssen, bietet die Chance, die Weichen der ökonomischen Ordnung zu verändern. Denn mit der Klimaerwärmung zieht eine Krise herauf, die weltweit viel größere Opfer erfordern wird als jeder Virus. Wenn die Regierungen und die Bürgerinnen und Bürger die Pandemie als Weckruf ernst nehmen, dann sollte sich die wirtschaftliche Entwicklung nicht nach dem Hunger einiger Weniger nach

Rendite, sondern nach dem Hunger der Menschen nach Gerechtigkeit in den Grenzen der Natur ausrichten. Vier Ziele sind für diese Entwicklung besonders wichtig:

1. Befreiung vom Diktat der Rendite

Gesundheit, Pflege, öffentlicher Verkehr, Wasser, sozialer Wohnungsbau sind öffentliche Aufgaben. Sie müssen so organisiert werden, dass das Rendite-Denken von Kapitalmarkt-Investoren keine Rolle spielt. Seit der Corona-Pandemie wächst das Bewusstsein dafür. So fordert Ärztepräsident Klaus Reinhardt „ein neues Finanzierungsmodell für Krankenhäuser, das den Menschen dient und nicht dem Profit."

Dieses Ziel erfordert grundlegende Veränderungen. Wenn der Mensch mehr zählen soll als der Profit, dann müssen die Kommunen oder gemeinnützige private Träger Krankenhäuser und Pflegeheime übernehmen – und den medizinischen Bedarf der Patienten und die Pflege der Menschen in den Mittelpunkt ihrer Arbeit stellen.

Diese Veränderungen müssen eine faire tarifliche Bezahlung und eine hohe Wertschätzung für die Pflegeberufe einschließen. Schwierig, aber notwendig, ist auch die Befreiung der digitalen Welt aus dem Diktat der Rendite: Google und Facebook sind gewinnorientierte Konzerne, die Daten ihrer Kunden den Werbekunden zur Nutzung übereignen.

Die Alternative wäre ein Facebook in der Hand der Bürger, ein „We-Book", wie dies die Stuttgarter Medienethikerin Petra Grimm nennt. Und wann werden endlich öffentlich-rechtliche Suchmaschinen diskutiert – als gemeinnützige Alternative zu Google, nach dem Muster des Internet-Lexikons Wikipedia?

Überhaupt: Der Immer-Schneller-Immer-Mehr-Kapitalismus wird nur überwunden, wenn demokratische Gegenmodelle gefördert werden: Genossenschaften, Gemeinwohl-Ökonomie, Betriebe mit neutralisiertem Kapital, mehr Mitbestimmung, mehr Möglichkeiten für nachhaltige und faire Geldanlagen. Die Wirtschaft muss den Menschen dienen, nicht den Investoren.

2. Eine gerechtere Verteilung des Reichtums

Die Tendenz zu einer wachsenden sozialen Ungleichheit wird sich erst ändern, wenn die Politik den Mut zu einer großen Offensive für Gerechtigkeit findet. Eine Besteuerung hoher Vermögen, ein neuer Solidaritätszuschlag, der sich gerecht an der jeweiligen Steuerlast orientiert, sowie höhere Steuern auf hohe Einkommen und Kapitalgewinne könnten die finanzielle Grundlage bieten, um die wichtigsten Gerechtigkeitslücken in Deutschland zu schließen.

Vier Maßnahmen würden die Armut im reichen Deutschland stark lindern: eine Kindergrundsicherung von 450 Euro pro Kind bei Abschaffung von Kinderfreibeträgen, eine Erhöhung der Hartz-IV-Sätze, die Steigerung des Mindestlohnes auf zwölf Euro und die Einführung einer echten Grundrente, von der alle einkommens-schwachen Rentnerinnen und Rentner profitieren würden. Viele werden vor der Umverteilung des Reichtums warnen, doch ohne den Mut dazu wird es keine Gerechtigkeit geben.

3. Der Weg zur umwelt-gerechten Wirtschaft

Die grundlegende Alternative zum klimaschädlichen Wachstums-Kapitalismus ist eine nachhaltige Kreislaufwirtschaft, die mit immer weniger Ressourcen und ohne fossile Energien auskommt. Dass Gerechtigkeit und Klimaschutz dabei keinen Widerspruch darstellen müssen, zeigen Schweizer und Schweden: Die Schweiz führte 2008 einen CO_2-Preis für Erdöl und Erdgas zum Heizen ein, er liegt inzwischen bei 89 Euro pro Tonne. Die Einnahmen werden zu zwei Drittel wieder an die Bürger zurückgezahlt – alle erhalten den gleichen Betrag. Wer nicht exzessiv heizt, profitiert, vor allem wenn die Gebäude und Heizungen modernisiert werden. Der CO_2-Ausstoß im Gebäudebereich sank in den vergangenen fünf Jahren um 25 Prozent.

Schweden hat einen hohen CO_2-Preis noch um eine weitere steuerliche Öko-Variante bereichert: Um die Wegwerfwirtschaft in eine ressourcensparende Kreislaufwirtschaft zu verwandeln, erhebt Schweden für Reparatur-Dienstleistungen einen geringeren Mehrwertsteuersatz. Jetzt ist Reparieren billiger, ein Neukauf teurer. Das schafft Arbeitsplätze in den Dienstleistungen. Der Weg von einer klimaschädlichen Wegwerfwirtschaft zu einer CO_2-armen, nachhaltigen Kreislaufwirtschaft ist möglich, ohne Verlust an Arbeitsplätzen.

Der Schaufelradbagger 288 (Krupp), eines der größten Landfahrzeuge der Welt, frisst sich in die Erde hinein.

Und er wird gerecht, wenn die Einnahmen aus den Ökosteuern gleichermaßen an alle Bürger verteilt werden.

4. Glokalisierung statt Globalisierung

Ein Welthandel, der nur das billigste Produkt belohnt, produziert Armut – und zerstört die Welt. Zum Beispiel eine Jeans. Jede Hose hat einen Wasserverbrauch von 8000 Litern, die Näherinnen erhalten Hungerlöhne und bis zur Fertigstellung werden die Hosen mit hohem Energieverbrauch um die ganze Welt getrieben, bevor sie hierzulande auf die Ladentische kommen. Es braucht deshalb Alternativen zu einer zerstörerischen globalen Arbeitsteilung, ohne in einen Nationalismus der vergangenen Jahrhunderte zurückzufallen. Die Alternativen lauten: Stärkung der Regionen, Stärkung Europas und fairer Welthandel.

Während der Pandemie haben viele Menschen die Geschäfte der Umgebung schätzen gelernt. Die Hofläden, die regionale Landwirtschaft, erlebten einen Boom. Deshalb wäre jetzt der Zeitpunkt, um die lokalen Unternehmen und eine ländliche Entwicklung ebenso zu stärken wie die regionale Landwirtschaft, die ohne Futtermittel aus anderen Teilen der Welt auskommt.

Die Europäische Union hat ohnehin nur eine Wahl: Entweder sie stärkt sich oder sie wird zwischen den USA und China zerrieben. Der Green New Deal und das Milliarden-Euro-Paket zur Bewältigung der Corona-Folgen vermitteln zumindest die Hoffnung, dass künftig gemeinsamer Verkehr, digitale Technologien, nachhaltige Produktion und die Infrastruktur in der Europäischen Union stark gefördert werden. Auf diese Weise würde die Europäische Union unabhängiger von China und den USA.

Doch bei alledem: Noch immer kauft Europa billige Rohstoffe und Futtermittel, belastet aber Produkte mit hoher Wertschöpfung aus dem Süden hoch. Diese egoistische Ausrichtung des Außenhandels der Europäischen Union schadet den Ländern des Südens. Das Gegenteil wäre richtig: Wenn nur noch fair gehandelte, nachhaltig hergestellte Waren zollfrei nach Europa eingeführt werden dürfen, während Ausbeutungsprodukte durch Zölle ebenso verteuert werden wie Palmöl oder Futtermittel aus den Regenwäldern – dann würde sich ein Welthandel entwickeln, der Fairness und Nachhaltigkeit belohnt, statt Ausbeutung und Zerstörung.

Das Tor zu einer besseren Welt
Krisen bieten auch eine Chance, heißt es gerne. Allerdings darf diese Hoffnung nicht darüber hinwegtäuschen, dass die grundlegende Veränderung der kapitalistischen Weltordnung eine große Herausforderung darstellt. Wer dieses Wirtschaftssystem verändern will, stellt etablierte Machtstrukturen infrage – und operiert am offenen Herzen eines Systems, in das Millionen, weltweit sogar Milliarden Menschen als Unternehmer, Beschäftigte, Sparer, Mieter, Verbraucher, Eltern, Großeltern eingebunden sind.

In einer Zeit, in der das Alte, das Angestammte, nicht mehr überzeugt, während das Neue noch nicht sichtbar ist, können Veränderungen Angst auslösen. Diese Angst fördert nicht die Demokratie, sondern oft genug rechte Rattenfänger. Unter den Bedingungen einer Übergangs-Gesellschaft wird Veränderung deshalb nur gelingen, wenn bei allen Abschieden von alten Strukturen und altem Denken immer die Visionen einer gerechteren und nachhaltigeren Zukunft durchscheinen.

Dann lebt auch die Hoffnung der indischen Schriftstellerin Arundhati Roy auf eine bessere Welt nach der Corona-Krise:

> Die Pandemie hat ein Tor zwischen dieser Welt und der nächsten geöffnet. Wir können uns entscheiden, durch dieses Tor zu gehen und die Kadaver unserer Vorurteile, unseres Hasses, unserer Habsucht, unserer toten Ideen, unsere verdreckten Flüsse, unserer rauchverhangenen Himmel mitzuschleppen. Oder wir können mit Leichtigkeit durchgehen, mit kleinem Gepäck und bereit sein, uns eine bessere Welt vorzustellen. Und dann für sie zu kämpfen.

Wolfgang Kessler
1953, Dr. rer.soc., Wirtschafts- und Sozialwissenschaftler, Publizist, 1999 bis 2010 Chefredakteur „Publik-Forum". 2007 Bremer Friedenspreis, 2020 Walter-Dirks-Preis für „engagierten Journalismus".

ISBN-13-9783880953307, 128 S. €15,00

Megakonzerne und Großinvestoren erobern Innenstädte, Krankenhäuser, Pflegeheime, Ackerland und unsere Daten. Für hohe Renditen werden Rohstoffe ausgebeutet, Regenwälder abgeholzt und die Meere vermüllt. Der rasende Kapitalismus bedroht Mensch, Demokratie, Natur und Klima. Wirtschaft und Konsum müssen grundlegend anders werden. Das erfordert die Kunst, das Wirtschaftssystem tiefgreifend zu verändern – ohne dass es in eine Krise abstürzt. Wolfgang Kessler zeigt, wie dies gehen kann. Und was wir dafür tun können.

Gesellschaft in Erosion

Walter Hollstein

bedrohte ordnungen

Die Welt scheint aus den Fugen oder ist es sogar. Viele Menschen sehen sich in Unsicherheit, Angst, aber auch in Wut und Frustration. Das führt zu Chaos in der Politik und zu neuen Bewegungen, die der öffentliche Diskurs im Begriff des Populismus zu fassen versucht. Als Ursachen werden gängig der Bedeutungsverlust der Volksparteien, die Flüchtlingskrise oder die soziale Ungleichheit angeführt. Doch das greift zu kurz. Was diese Entwicklungen provoziert hat und was hinter ihnen steckt, ist – wie empirische Forschung belegen kann – die sukzessive Zerstörung unserer vertrauten Lebenswelten und die so entstehende Verhaltensunsicherheit.*

GESELLSCHAFT IN EROSION
Mauritius: Ausgelaufenes Öl bedroht ein Naturparadies.

Drama am Frankfurter Hauptbahnhof: Ein achtjähriger Junge wird vor einen einfahrenden ICE gestoßen.

Cecile Eledge, 59 Jahre alt, brachte kürzlich im US-Bundesstaat Nebraska ihre eigene Enkeltochter auf die Welt – als Leihmutter für ihren homosexuellen Sohn.

Schock am Fasanenhof in Stuttgart: Mitten auf der Straße wird ein Mann von einem syrischen Flüchtling getötet – mit einem Schwert.

In Indien hat eine Hitzewelle gezeigt, dass manche Regionen der Erde bald nicht mehr bewohnbar sein könnten – Forscher schlagen Alarm.

Hannover: Eine Seniorin wird von zwei Männern aus der Stadtbahn gekidnappt und in einem Rohbau zwei Tage gefangen gehalten!

In Städten wie Amsterdam und Rotterdam sind heute schon die Hälfte der Bewohner Migrantenfamilien, 180 Nationen leben hier, zwei Drittel der Schulkinder kommen aus Migrantenfamilien. Einheimische fühlen sich zunehmend fremd.

Die Welt droht den Kampf gegen den Hunger zu verlieren: Im vergangenen Jahr hungerten weltweit 821 Millionen Menschen. Für zwei Milliarden Menschen drohen die Nahrungsmittel knapp zu werden.

Das sind einige Zeitungsmeldungen; sie signalisieren Auflösungstendenzen unserer alltäglichen Ordnung. Heimat bricht weg, das Vertraute und Gewohnte. Stattdessen sind ‚plötzlich' Millionen von Fremden, Flüchtlingen und Zugewanderten da – vielfach aus ‚exotischen' Ländern wie Afghanistan, Eritrea oder den Philippinen.

Die soziale Wirklichkeit transformiert sich rapide. Die traditionellen gesellschaftlichen Milieus lösen sich auf: Nachbarschaften, Vereine, gut erreichbare Einkaufsmöglichkeiten, Serviceleistungen wie zum Beispiel die Post, die alte Eckkneipe, die Sitzbank mit den Bekannten. Das Selbstverständliche des Lebens verschwindet für die Menschen.

Viele Menschen sind irritiert, und es ängstigt sie. Sie beklagen, dass ihnen die Orientierung abhanden komme: Alles verändere sich ständig und in einem so hohen Tempo, dass man ihm nicht mehr zu folgen vermöge; nichts bleibe gleich. Woran kann man sich noch festhalten? Gleichzeitig werden Leistungs- und Profilierungsanforderungen immer höher geschraubt – die Krankenstatistiken der Versicherer und Krankenkassen belegen seit Jahren einen stetigen und zum Teil dramatischen Anstieg von Burnout und anderen Stresserkrankungen, von Depressionen und „Verschleißerkrankungen".

Leben muss aber, um es sinnvoll und zufrieden führen zu können, ein großes Stück selbstverständlich sein – so belegt es die anthropologische und soziologische Forschung seit langem. Es darf nicht jeden Tag wieder infrage gestellt werden, es ist einfach da, und es ist tragfähig. So konstituiert sich Verhaltenssicherheit.

Seit geraumer Zeit aber entgleitet uns das Gewohnte, Vertraute und Gesicherte immer mehr. Es entsteht ein Vakuum. Mit Leere lässt sich auf Dauer aber nicht leben; sie muss wieder gefüllt werden, um sich überhaupt eine eigene Zukunft vorstellen zu können. Wenn die Orientierungs- und Anpassungsfähigkeit des Einzelnen an Grenzen kommt, droht auch das gesellschaftlich Ganze zu kippen. Das kann unter heutigen Bedingungen ganz rasch gehen, wie die „Gilets jaunes" in Frankreich gezeigt haben.

Hört man sich um und fragt etwas tiefer nach, so sind die brüchigen Lebenswelten der Hauptgrund für den Erfolg von Populisten und rechten Bewegungen. Die Unzufriedenheit der rechten Wähler richtet sich nicht in erster Linie gegen die Flüchtlinge, die Hausbesitzer oder das Kapital, sondern gegen den kulturellen Wandel, der Gewohntes auflöst und Kontrollverlust schafft. Die Rechte verspricht gegen diese Erosion eindeutige Orientierung, Sinn und Klarheit.

Dieser Wunsch – so verständlich er ist – führt aber auch in gefährliche Versuchungen. So hat 2016 das Wahlforschungsinstitut SORA herausgefunden, dass nur noch 36 Prozent der Österreicher einen „starken Führer an der Spitze" ablehnen; 2007 waren es 71 Prozent. In Deutschland finden 26 Prozent der jungen Erwachsenen im Osten und 23 Prozent im Westen, dass es „einen starken Führer" geben sollte, „der sich nicht um Parlamente und Wahlen kümmern muss" – so eine Studie der Otto Brenner Stiftung. In der Schweiz sind laut einer Erhebung der Zürcher Hochschule für Angewandte Wissenschaften „32 Prozent der Jugendlichen [...] als autoritär einzustufen".

Kommen wir zum Prinzipiellen: Was ist für die Menschen selbstverständlich? Zunächst einmal der Alltag: ein Zuhause haben, ein geregeltes Einkommen, sichere Wege, Konsum und Infrastruktur. Wie ist es darum bestellt?

Zunehmend nicht mehr so gut. In vielen Ortschaften und auch Quartieren von Großstädten fehlen Post, Bank, Lebensmittelläden und auch zureichende Verkehrsverbindungen. In Deutschland, dem Land der hoch entwickelten Ingenieurskunst wird der Berliner Flughafen zum Endlosbauwerk, und der Bahnverkehr bricht bei schon moderater Hitze zusammen.

Die Badische Zeitung berichtet über die schlechte Gesundheitsversorgung in der südbadischen Kleinstadt Wehr – exemplarisch für andere: Notstand. Angesiedelte Ärzte finden kaum Nachfolger. Gab es 2009 noch 30,3 Millionen Hausarztbesuche bundesweit bei den gesetzlich Versicherten, waren es 2016 nur noch 25,1 Millionen.

Steigende Gewalt in der Bundeshauptstadt hat dazu geführt, dass der Paketdienst DHL Express in Berliner Gewaltkiezen keine Pakete mehr zustellt. In Berlin werden Diebstähle praktisch nicht mehr verfolgt; der Einzelhandel beklagt Milliardenschäden. Die Justiz stellt derweil sogar Verfahren bei Wiederholungs- und Raubtaten in Serie ein – aus Überlastung.

Weil das Geld im Alter knapp wird, müssen viele Senioren in ausländische Heime – in Osteuropa, Spanien oder Thailand. Dort ist die Pflege bezahlbar. Bei den Tafeln für kostenloses Essen stehen immer mehr Senioren an.

An den Schulen fehlen Lehrer; immer mehr Unterricht entfällt. „Ob Hebamme, Hort- oder Schulplatz: Eltern müssen mit langen Wartezeiten und viel Bürokratie rechnen." – so die Süddeutsche am 15.11.2017.

Die Post kommt nicht mehr regelmäßig. In Berlin haben bis zu 100 der rund 830 Brücken der Stadt erhebliche Baumängel. Dienstleistungen kosten immer mehr oder werden ganz abgeschafft. Die Wirtschaft prosperiert, die Infrastruktur marodiert.

Immer mehr Menschen können nicht mehr sicher sein, in ihrer Wohnung zu bleiben.

Das sind Beispiele aus dem konkreten Bezugsrahmen, in dem wir alle eingebunden sind. Darüber hinaus gibt es noch den größeren, dessen Auswirkungen wir nicht unbedingt täglich zu spüren bekommen – allerdings immer mehr. Etwa ökologisch: Die Lebensräume der Vögel verschwinden. Studien belegen eine dramatische Abnahme der Vogelbestände. Forscher bestätigen, was bislang ein ungutes Gefühl war: Die Zahl von heimischen Faltern, Käfern, Bienen und vielen anderen Insekten in Deutschland ist seit 1989 um etwa drei Viertel geschrumpft.

Kunststoffmüll verseucht nicht nur die Ozeane, sondern auch Felder und Wiesen. Vor Indonesien haben Umweltschützer 6 Kilo Plastik aus dem Magen eines toten Pottwals gezogen. Der Planet befinde sich in einem „desaströsen Zustand.", stellte das Plenum der Weltnaturschutzkonferenz 2019 fest. 2018 gab es 10.000 Hitzetote in Deutschland.

Wir leben weit über unsere Verhältnisse. Am 29. Juli 2019 hat die Weltbevölkerung das aufgebraucht, was ihr die Natur für das ganze Jahr zur Verfügung stellt – so früh wie nie zuvor.

Auch die demografischen Prognosen ängstigen. Schon seit Längerem sind wir zu viele auf der Welt. In nicht wenigen Regionen fehlen Nahrung und Sicherheit für die Menschen; das lässt riesige Flüchtlingsströme in der nahen Zukunft erwarten. Doch auch intrasozial gärt es. Ökonomisch sind die goldenen Jahre vorbei, fasst die Süddeutsche Zeitung am 13.7.2019 zusammen: „Gewinnwarnungen bei Daimler, Stellenkürzungen über alle Branchen hinweg: Deutschland steckt mittendrin in der Konjunkturkrise." Corona hat das dramatisch verstärkt.

Seit mindestens drei Jahrzehnten vermelden die Medien die Angst vor dem „großen Knall". Nicht mehr zwei verfeindete Blöcke regieren das Weltgeschehen wie noch im vergangenen Jahrtausend, sondern international operierende Unternehmen. Die Nationalstaaten haben ihre politische Handlungsfreiheit verloren. „Die bisher existierenden Möglichkeiten des modernen Staates, effektiv zu handeln", so der Ökonom Paul Mason, „verlagern sich zunehmend in den politisch unkontrollierten globalen Raum."

Die Welt ist im Dauer-Krisenmodus. 2008 mussten die Regierungen die Welt vor dem Finanzcrash retten. Im Jahr 2010 ging in Europa die Finanz- nahtlos in eine Staatsschuldenkrise über. Der aktuelle Konflikt zwischen den USA und China könnte in eine globale Wirtschaftskrise führen.

Aber auch intranational wachsen die Probleme. Der Ökonom David Lacalle sagt am 9.8.2019 in der NZZ, dass über die Geldpolitik der EZB immer mehr Vermögensblasen erzeugt werden – auf Kosten einer Strukturpolitik, die es praktisch nicht mehr gebe. Das habe zur Konsequenz, dass die konjunkturelle Dynamik abnehme. Die Belastung der Deutschen mit Steuern und Abgaben ist auf ein neues Allzeithoch geklettert. Nach Angaben des Bundes der Steuerzahler (BdSt) mussten die Bürger 2019 rechnerisch bis zum frühen Mittwochmorgen, dem 19. Juli, ausschließlich für den Staat arbeiten. „Von jedem verdienten Euro bleiben somit nur 45,4 Cent zur freien Verfügung übrig."

bedrohte ordnungen

Münchner Tafel 2006 (wikimedia)

Die Angst, die Arbeitsstelle zu verlieren, ist weit verbreitet; denn Digitalisierung und Outsourcing greifen um sich. Roboter und Computer ersetzen Angestellte, Banker, Ärzte. Als Menetekel steht die amerikanische Rezession von 2008 am Horizont. Damals verloren Millionen Menschen ihre Jobs und gleich auch noch ihr Vermögen. Viele einst prosperierende Gemeinden sinken ins Elend ab – zum Beispiel Roubaix oder Sheffield oder Duisburg.

Politisch sind wir ebenfalls seit Längerem in unruhigen Gewässern. Am 5.4.2017 titelt die Welt: „Kriege, Terror, Instabilität – die Welt ist ein Pulverfass." Auch im Inneren der westeuropäischen Demokratien vollzieht sich ein fundamentaler Wandel; die Volksparteien schwächeln. Viele Bürger sind Wechselwähler geworden – entsprechend aktueller Themen oder Stimmungen. Gesellschaftlich diagnostiziert Zygmunt Bauman „flüchtige Zeiten". Hartmut Rosa verweist darauf, dass sich heute das „objektive Geschehen" viel rascher vollziehe, als es im eigenen Handeln und Erleben reaktiv verarbeitet werden könne. Wir seien heillos überfordert. Tagtäglich.

Die sukzessive Erosion langfristigen Denkens und Handelns bewirkt – in der Analyse von Zygmunt Bauman –, dass „das Leben jedes Einzelnen zu einer Reihe kurzfristiger Projekte und Episoden aneinandergefügt wird". Identität sei auf historisch beispiellose Weise zum Problem geworden. Rosa ergänzt, dass Identität gar nicht mehr einem Lebensplan folgen könne, „sondern dem Modell des Wellenreiters"; „wann immer sich eine neue attraktive Gelegenheit bietet, muss man bereit sein zu springen."

Der interaktive Bezugsrahmen im Alltäglichen verstärkt all das. Die alten Bande wie Nachbarschaft, Kollegen aus dem Betrieb, die Stammkneipe, die Quartierstreffpunkte verschwinden mehr und mehr. Das gewachsene Soziale löst sich auf, das virtuelle kann es nicht wirklich ersetzen. David Goodhart spricht vom „sense of owner-ship of their area", Wissenschaftler wie Zygmunt Bauman, Paul Collier, Katherine J. Cramer oder Michael Tomasello – um nur gerade einige zu nennen – betonen die zentrale Wichtigkeit der zwischenmenschlichen, affektiven Bindungen für den sozialen Zusammenhalt. Doch die multikulturelle Gesellschaft spaltet sich zunehmend in Segmente – mit den entsprechenden Folgen. Großbritannien hat künftig eine „Ministerin für Einsamkeit". Die ehemalige Premierministerin Theresa May nennt das eine „traurige Realität des modernen Lebens", die Millionen Menschen betreffe. Nach Angaben des Roten Kreuzes sagen mehr als neun Millionen Briten, dass sie sich immer oder häufig einsam fühlen. „Das Internet zerstört die traditionellen Orte, an denen Geselligkeit stattfindet: Restaurants, Kinos und so weiter", heißt es in einem Tweet. „Die alte Kunst, von Angesicht zu Angesicht Beziehungen auszuhandeln, geht verloren. Die Menschen sitzen allein vor ihren Geräten und zählen die Likes auf ihren Profilen." Robert Putnam bemerkt die Zerstörung dessen, was er „Sozialkapital" nennt, vor allem Vertrauen und Gegenseitigkeit.

Diese Selbstverständlichkeiten von einst sind nicht mehr selbstverständlich: Ray Dalio, Gründer des Fonds Bridgewater, setzt Milliarden auf einen Kollaps der Börsenkurse von Allianz, BASF, Siemens & Co. Nach dem Massenmord in Las Vegas steigen an der Börse die Werte von US-Waffenherstellern. Anleger gehen davon aus, dass nun noch mehr Pistolen und Gewehre gekauft werden.

2000 Franken hat ein Unbekannter nach einer Abdankung aus dem Opferstock einer Kirche in Zürich gestohlen. Bei einem Angriff in einem Linienbus sind in Lübeck acht Menschen verletzt worden. Der Täter stach auf seine Opfer ein. Die Stuttgarter Zeitung berichtet, dass sich diverse Menschen über mehrere Waggons hinweg prügelten. Passagiere versteckten sich unter ihren Sitzen: In Schallstadt wurde der Regionalzug dann wegen der Massenschlägerei gestoppt. Weil sich ein junger Mann ohne Führerschein hinters Steuer setzte, starben zwei Frauen auf der B 185 nahe Ballenstedt.

Am 23.4.2018 befriedigte eine Frau einen Mann oral in einem Zug zwischen der Berliner Jannowitzbrücke und dem Ostbahnhof. Fahrgäste, darunter auch Kinder, mussten das Geschehen mit ansehen. Eine 18jährige sprach das Paar an und forderte es auf, die Handlungen zu unterlassen. Es kam zu einer Auseinandersetzung, in deren Verlauf die Gescholtene ihrer Kritikerin heftig ins Gesicht schlug. Das nordrhein-westfälische Kultusministerium und Lehrerverbände haben sich

Homepage der Gartenwerkstatt Ehrenfeld: „Urbanes Gärtnern, worunter wir grundsätzlich Gärtnern für und mit allen verstehen, dient der Selbstversorgung, der Begegnung, dem Austausch, dem Lernen, der Erholung, sowie der Gestaltung von Stadt, Wohnumfeld und Nachbarschaft." (Foto: Gartenbahnof Ehrenfeld, ein Gemeinschaftsgartenprojekt in Köln-Ehrenfeld, wikimedia).

besorgt über die Zahl der Straftaten an Schulen im Land gezeigt. 2017 registrierte die Polizei 22.900 Straftaten an Schulen – rund 1000 mehr als 2016. Fünf Gundeldinger Schüler haben 30.000 Euro in bar gefunden. Der Besitzer bedankt sich bei den Findern mit einem Satz auf einem Blatt Papier und einer Schachtel Merci-Schokolade.

In was für einer Welt leben wir eigentlich? „Die Bundesrepublik hat sich verändert, allerdings nicht so, wie sich manche das gewünscht hatten."

So das Magazin Cicero: „Bahnhöfe, öffentliche Plätze, Parkanlagen, S- und U-Bahnen sind Kristallisationspunkte von Kriminalität geworden. Das subjektive Gefühl der Bedrohung wird von den Statistiken bestätigt. Einbrüche und Gewaltverbrechen nehmen zu, der Anteil an Zuwanderern, sowohl aus dem europäischen Ausland als auch darüber hinaus, ist überproportional hoch." Die Gewalt gegen Sanitäter steigt; Rettungskräfte landen nach Einsätzen oft selbst im Krankenwagen. „Die Menschen haben keinen Respekt mehr vor der Sanitäter-Uniform", sagt eine Betroffene bitter.

Es geht nicht darum, dass solches zumeist nur wenigen passiert. Es geht darum, dass die gewachsene „Normalität" dieser Ausfälle die Menschen verunsichert. Statt sich mit einem Gefühl der Sicherheit zu bewegen, bewegt man sich mittlerweile mit Vorsicht und Angst. Das Vertrauen in den Mitmenschen geht verloren; es ist keine verlässliche Welt mehr. In der wir sind.

Wenn wir als Menschen einigermaßen angenehm und sinnvoll zusammenleben wollen, müssen wir uns aufeinander einstellen. Das bedeutet im Klartext: Rücksichtnahme, Verantwortung, Empathie und Respekt.

Mittlerweile halten uns die gesellschaftlichen Institutionen wie Nachbarschaft,

Gemeinschaft, Kirche, Nation, Heimat und Staat nicht mehr wie früher. Im Gegenteil: Die nachindustrielle Gesellschaft ist geprägt von Entwicklungen, die soziologische Begriffe umreißen, die seit Längerem zu Schlagwörtern geworden sind: Mobilität, Flexibilisierung und Globalisierung. Sie alle verheißen Unruhe, Veränderung, Unsicherheit, Unordnung.

Nichts kann mehr als gegeben gelten. Alle Selbstverständlichkeiten der letzten 200 Jahre sind im Zerfall begriffen. Die Menschen haben nicht mehr das Gefühl, dass sie ihre eigene Lebenswelt überschauen. Ihnen entgleitet der Alltag. Die Welt, mit der wir noch vor wenigen Jahrzehnten weitgehend einverstanden war, gibt es immer weniger. Daueranomie droht.

Es ist ein anthropologisches Grundgesetz: Was im Leben selbstverständlich ist, das gibt Kontinuität; Kontinuität gibt Sicherheit, und Sicherheit garantiert Verlässlichkeit.

Die Anthropologie weiß: Menschen brauchen Sicherheit – mit sich selbst (Identität), in den mitmenschlichen Beziehungen, in ihrer Umgebung und in ihrer Wahrnehmung. Nach Harrison und Huntington gehören dazu in unserer Kultur auch: Rechtstreue, Fairness, Beschränkung der Staatsgewalt, Verbindung von Individualismus und Gemeinwohlorientierung, Meinungs- und Religionsfreiheit, Arbeitsethos, Orientierung, Wertschätzung von Bildung und Erziehung. Sie – in ihrer Totalität – schüfen Vertrauen und Verlässlichkeit. In seinem Buch *Sozialer Kapitalismus* führt Paul Collier in Berufung auf die Anthropologie sechs Werte auf, die universal gültig seien: Loyalität, Fairness, Freiheit, Hierarchie, Fürsorge und Reinheit im Sinn der „Unantastbarkeit von Dingen auch jenseits eines religiösen Zusammenhangs".

Jutta Allmendinger konstatiert in ihrem Deutschland-Report, dass über 80 Prozent der Menschen angeben, dass es „ihnen persönlich sehr wichtig ist, ein Wir-Gefühl zu haben." Das bestätigen andere Untersuchungen wie jene von Paul Collier, Katherine J. Cramer, Harrison und Huntington, Arlie Hochschild oder Robert Putnam sowie sozialphilosophische Überlegungen von Zygmunt Bauman, Hartmut Rosa oder Alain Touraine. Aber zwischen diesem Wunsch und der Wirklichkeit klafft eine immer größere Lücke.

Probleme treten immer dann auf, wenn sich die Menschen gegenseitig aus den Augen verlieren. Karl Jaspers hat am Ende des Zweiten Weltkriegs darauf hingewiesen. Vielleicht ist die geistig-moralische Situation von damals in gewisser Weise vergleichbar mit dem heutigen Zusammenbruch der Selbstverständlichkeiten, sodass an Jaspers´ Wort von damals erinnert werden darf:

> Wir wollen lernen, miteinander zu reden. Das heißt, wir wollen nicht nur unsere Meinung wiederholen, sondern hören, was der andere denkt. Wir wollen nicht nur behaupten, sondern im Zusammenhang nachdenken, auf Gründe hören, bereit bleiben, zu neuer Einsicht kommen. Wir wollen uns innerlich versuchsweise auf den Standpunkt des anderen stellen. Ja, wir wollen das uns Widersprechende geradezu aufsuchen. Das Ergreifen des Gemeinsamen im Widersprechenden ist wichtiger als die voreilige Fixierung von sich ausschließenden Standpunkten, mit denen man die Unterhaltung als aussichtslos beendet.

(Anm.: Der Text beruht auf Material, das der Autor für sein Buch „Das Gären im Volksbauch. Warum die Rechte immer stärker wird" zusammengetragen hat; dazu hat er mehr als 1700 Gespräche und Interviews geführt. Vgl. dazu auch die Rezension dieses Buches in diesem Heft auf Seite 93).

Walter Hollstein
Prof. für politische Soziologie i.R., Männerforscher, u.a. Gutachter des Europarates für Männerfragen, lebt in Riehen bei Basel.
Website: walter-hollstein.ch

Der Sinn der Corona-Krise und die Auswirkungen auf die Menschen

Klaus Uwe Adam

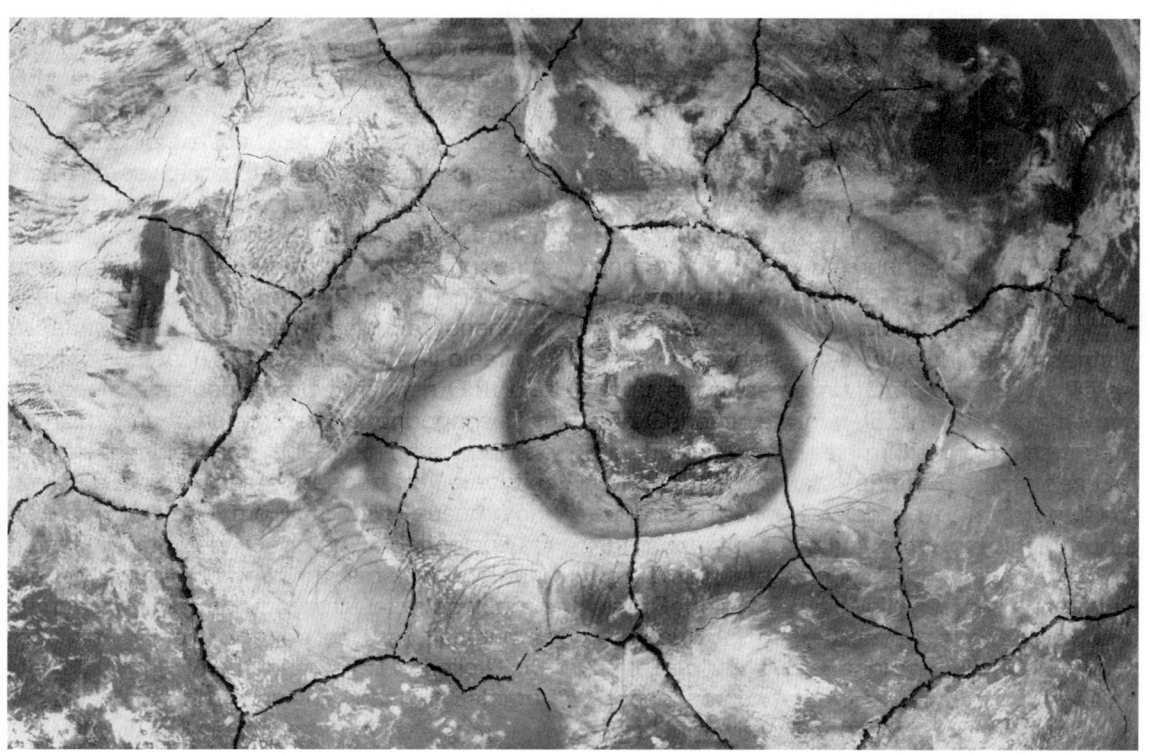

Collage: herraez (AdobeStock 275311222)

Nichts ist mehr so, wie es war.
Alles ist da, was ist.
(Ursa Paul)

Wir erleben gerade ein kollektives Geschehen globalen Ausmaßes. Es ist eine große Synchronizität, die die ganze Menschheit und die ganze Erde betrifft. Von einer Synchronizität sprechen wir ja immer dann, wenn äußere und innere Kräfte zusammentreffen und äußere Vorgänge und Ereignisse mit inneren Entwicklungen in Verbindung sind. Denn das Auftreten der Covid-19-Pandemie zum jetzigen Zeitpunkt ist möglicherweise – wie viele bedeutende Veränderungen – kein Zufall, sondern erscheint als eine sinnhafte Botschaft an uns alle und lässt sich auch in einem Zusammenhang mit einer ungewöhnlichen astronomischem Konstellation sehen. Davon soll gleich die Rede sein.

Des Weiteren möchte ich in diesem Text auf einige kleine Synchronizitäten im Leben einzelner Menschen eingehen, die bestimmte Ereignisse und Träume als ihre individuellen sinnhaften Begebenheiten eingeordnet haben und dies teils ehrfurchtsvoll, teils dankbar auf das Corona-Geschehen beziehen.

Am 12. Januar 2020 gab es eine äußerst seltene planetarische Konstellation, eine Konjunktion von Sonne, Merkur, Saturn und Pluto im Steinbock, womit aus astrologischer Sicht zu erwarten ist, dass Ereignisse einer epochalen Qualität auf uns zukommen. Das letzte Mal standen Pluto und Saturn vor 500 Jahren

(Foto: freshidea, AdobeStock 90839245)

zusammen im Steinbock, also zu Beginn der Reformation, die mit dem Anfang der Neuzeit zusammenfällt. Auch im Jahre 549 gab es diese Konstellation, also an der Grenzscheide zwischen Altertum und Mittelalter.

Was könnte uns die Corona-Krise in diesem Zusammmenhang sagen? Welche Wandlungen sind erforderlich, um einer solchen möglichen neuen Wendezeit gerecht zu werden? Welche Veränderungen des Verhaltens der Menschheit und des Einzelnen stehen zwingend an in dieser dynamischen Weltsituation? Der Stopp, der uns durch Corona gesetzt worden ist und die bis heute dauernden Einschränkungen könnten uns ja vermitteln, z. B.: „So wie bisher kann es nicht weitergehen!"

Wir beuten die Erde rücksichtslos aus und blasen in gigantischem Ausmaß klimaschädliche Gase und toxische Stoffe in die Luft. Man könnte denken: Unsere Beziehung zu Mutter Erde ist gestört und jetzt ist ihr der Geduldsfaden gerissen und sie ist uns mit einem winzigen Virus in die Parade gefahren. Das Umweltthema mit der Notwendigkeit einer radikalen Einstellungsänderung ist ein zentraler Aspekt der Krise.

Daneben gibt es andere beobachtbare kollektive Auswirkungen, z. B., dass das Thema Gemeinschaft auf einmal stärker in den Vordergrund rückt. Noch nie waren in den Medien Wörter wie Solidarität, gemeinschaftliche Verantwortung, gemeinschaftliches Zusammenstehen usw. so häufig präsent, verbunden mit zahlreichen Hilfsprogrammen.

Wir müssen als Menschheit einen Schritt hin zum Wir machen, klimapolitisch, kollektivspirituell und menschlich. Auch viele Einzelne fühlen sich zur Mitverantwortung und Solidarität aufgerufen, wollen unterstützen und mithelfen und haben beispielsweise angeboten, für ältere und gefährdete Menschen einzukaufen.

Auf der anderen Seite gibt es an vielen Stellen der Welt noch starke rückwärtsgewandte und egohafte Kräfte, die sich gegen diese evolutionäre Entwicklungstendenz zu mehr Gemeinschaftlichkeit aufbäumen und Nationalinteressen und persönlichen Egoismus an die erste Stelle setzen. Doch die Bewegung in der Bewusstseinsgeschichte der Menschheit geht – darauf hat auch Ken Wilber hingewiesen – von der egozentrischen über die ethnozentrische Stufe (hier sind die Interessen von ethnischen Gruppen das Primäre) zu einer weltzentrischen Haltung, also zu einem globalen, die ganze Erde mit allen Lebewesen einbeziehenden Bewusstsein.

Eine Forderung der Corona-Krise scheint es zu sein, zu diesem Wir-Gefühl zu gelangen oder – in der Symbolik des Kundalini-Yoga ausgedrückt – den Übergang vom dritten Chakra, dem Magenchakra, zum vierten Chakra, dem Herzchakra zu schaffen. Das ist der Übergang von Ichwille, Durchsetzung und Kampf zu mehr Mitgefühl, Herzensverbindung, Verbundenheit, Achtsamkeit und Liebe.

Der Zukunftsforscher Matthias Horx glaubt, dass die Auswüchse eines nationalegoistischen oder egozentrischen Bewusstseins mit der Zeit durch Corona dahingerafft werden und wir von nicht mehr zeitgemäßen Illusionen befreit werden. Illusionen verbrauchen eine Menge Energie, die wir uns in solchen Zeiten schließlich nicht mehr leisten können.

So haben wir jetzt die Chance, wieder zu erfahren, dass wir ein Teil der Natur sind, dass wir nicht außerhalb von ihr stehen und wir also die ausbeuterische Haltung ihr gegenüber aufgeben und uns bescheiden eingliedern müssen.

Und wir sollten auch nicht der Illusion unterliegen, dass es ein Zurück vor Corona gibt. Die Veränderungen sind bereits da, weitere werden folgen. Das Rad der Geschichte dreht sich unaufhaltsam weiter. Bei manchen Menschen regt sich da Widerstand angesichts dieser Forderungen der Zeit. Manche fühlen sich in ihrer Freiheit beschnitten und klammern sich an die Illusion von Grenzenlosigkeit und Machbarkeit. Sie wollen sich weder von Staat noch Natur Beschränkungen auferlegen lassen. Verschwörungstheorien sind ein scheinbarer Ausweg, um naturgegebenen Realitäten nicht ins Auge sehen zu müssen.

Bei den meisten Menschen und auch Patientinnen und Patienten, die ich betreue, wird Corona aber ernst genommen und oft sogar als hilfreich und sinnstiftend erlebt, weil es z. B. mit mehr Stille und Besinnungsmöglichkeit verbunden ist. Einige lassen sich aber auch durch Ängste lähmen und schränken sich selbst allzu sehr ein. Der traumatisierende Effekt von Corona ist sicherlich besonders bei Berufsgruppen im Gesundheitswesen, bei älteren vereinsamten Menschen, aber vielleicht auch bei Kindern gegeben und noch kaum erforscht.

Ich möchte jetzt einzelne Beispiele von Menschen in meiner Behandlung bringen, wie sie Corona erlebt haben und verarbeiten. Ein Patient, der als Pilot die Pandemie beruflich als eine existenzielle Bedrohung erlebt und wegen Kurzarbeit plötzlich für zweieinhalb Monate in der Familie sein konnte, erfuhr, dass er durch eine Verkettung von Umständen, die es ohne Corona nicht gegeben hätte, in eine Situation geführt wurde, in der er einem Menschen das Leben retten konnte. Durch verschiedene Fügungen, die er mir genau erzählte, ergab es sich, dass er mit seiner Tochter in einem Seeschwimmbad war, wo plötzlich zehn Meter entfernt eine Frau um Hilfe rief, die auf dem Boden unter Wasser einen regungslosen Jungen gefunden und ihn hochgezogen hatte.

Streetart: Verbreite die Liebe, nicht das Virus. (Foto: Paul Harrop, wikimedia)

Der Patient reagierte sofort, brachte den etwa Achtjährigen ans Ufer und fing bei dem an sich klinisch Toten mit der Wiederbelebung an.

Nach längeren Reanimationsbemühungen wurde das Kind dann von den Notärzten übernommen, und es lag dann eine Zeit lang in der Klinik im Koma. Schließlich erfuhr der Retter, dass sich dieser aus einer syrischen Flüchtlingsfamilie stammende Junge fast vollständig wieder erholt hatte. Es war für den Mann, der erst vor ein paar Jahren eine Krebserkrankung überwunden hatte, ein zutiefst prägendes und erfüllendes Erlebnis, das er mit Dankbarkeit betrachtet. Ohne Corona, sagte er, wäre das alles nicht passiert.

Andere Patientinnen und Patienten von mir haben mit Corona angefangen, Keller, Dachboden und Wohnung gründlich aufzuräumen. Sie haben im Äußeren und dann auch im Inneren Ordnung geschaffen.

Eine Frau Mitte Dreißig sagte, dass sie durch den Lockdown viel mehr Zeit und Ruhe gehabt und bei Freundinnen Themen angesprochen habe, bei denen noch etwas nachhing. Es kamen bei ihr aufgrund der inneren Ruhe Dinge hoch, die in ihren Beziehungen noch nicht erledigt waren. In der Hektik des Alltags davor war das alles untergegangen. Sie hatte also seelisch stark aufräumen können.

Andere finden sich im Homeoffice wieder, vielleicht sogar dauerhaft, können stressiges tägliches Pendeln vermeiden und sind auf einmal viel enger mit ihrer Familie oder Partnerschaft verbunden. Andererseits kann aber dadurch die Beziehung zu den Arbeitskolleginnen und -kollegen leiden. Insgesamt gesehen wird durch Corona vieles, das nicht mehr stimmt, auf den Prüfstand gestellt und nur das Wesentliche, Eigentliche hat auf einmal Bestand.

Gelegentlich kommt Corona in den Träumen vor. Gibt der folgende Traum eine intuitive Antwort auf die Frage, wie lange die Beeinträchtigungen durch das Corona-Virus noch dauern könnten? Jedenfalls spiegelt er symbolisch ein unbewusstes Wissen, dass die coronabedingte Veränderungsphase zumindest für diese Frau noch längst nicht vorüber ist. Eine Patientin Mitte Sechzig träumte im Sommer 2020:

Ich gehe aus meiner Wohnung mit zwei aussortierten Büchern und will sie im Kulturladen abgeben. Eins fällt mir runter, eine ältere Dame mit einer jungen Frau, vielleicht ihre Tochter, sind neben mir. Sie sagen mir, dass der Laden noch geschlossen ist. Die Ältere sagt, es dauere noch zwei Jahre mit der Pandemie. Ich lade die beiden zu einem Wasser bei mir ein. Sie erfrischen sich. Als ich dann kurz aus dem Raum war und wieder in die Küche gehe, sind die beiden schon wieder weg.

Für die Patientin war die ältere Dame wie eine Botschafterin, die kurz erscheint und gleich wieder weg ist. Diese sehr feinfühlige Frau hatte in der Zeit vor dem Traum beim Gang durch die Stadt als Auswirkung der Pandemie atmosphärisch eine Traurigkeit gespürt, die nach ihrem Empfinden über allem lag und den meisten Menschen nicht bewusst war.

Möglicherweise werden wir uns noch länger auf die Corona-Beeinträchtigungen einstellen müssen. Bisher ist der durch die globale Seuche gesetzte Impuls noch nicht genügend von der Menschheit aufgegriffen worden, um Entscheidendes zu verändern.

Wie in jeder Schwellensituation besteht auch und besonders in dieser tief greifenden Krise die Chance, menschheitlich auf der äußeren und auf der inneren Ebene eine bedeutsame Wandlung und einen Entwicklungssprung zu vollziehen. Wir wollen hoffen, dass wir diese Chance nutzen.

(Anm.: Der Artikel wurde im September 2020 verfasst.)

Klaus Uwe Adam
Dr. med., Facharzt für Psychotherapeutische Medizin, Psychiater, Psychoanalytiker (C. G. Jung), Dozent am C. G. Jung-Institut in Stuttgart. Nach langjähriger Tätigkeit in psychiatrischen Kliniken in Stuttgart lebt und arbeitet er in freier Praxis in Kassel.

Die Suche nach der Krone

Ein Nachspüren über das Symbol der Krone in Zeiten von CORONA

Christian Kessner

Meine Betrachtungen zum Thema haben einen Ausgangspunkt, den ich mit Goethe und seinem Gedicht „Epirrhema" (Nachwort) darstelle:

*Müsset im Naturbetrachten immer eins
wie alles achten:
nichts ist innen, nichts ist außen, denn
wie drinnen so auch draußen.
So ergreifet ohne Säumnis heilig
öffentlich Geheimnis.*

Eines der häufigsten Worte, welche in den letzten Monaten von uns allen gehört oder gesprochen wurden, war das Wort „CORONA", auf Deutsch die Krone. Das Hören erzeugt spontan in unseren Gehirnen ein Bild, ein sog. Wort-Klang-Bild. Befeuert wird dieses Bilderleben noch durch eine in Fernsehen und Internet dazu gelieferte Visualisierung einer kugeligen Struktur mit strahlenden Ausläufern rundherum.

Da die CORONA, die Krone, nun also so ganz offensichtlich im Alltagsbewusstsein einen dominanten Platz einnimmt, erschien es mir sinnvoll, mich mit der Symbolik der Krone zu befassen.

Eine Betrachtung eines Phänomens, gleich welcher Art, als Symbol bietet nämlich die Chance, es in seiner polaren Aufgespanntheit, verkürzt gesagt: in seinem guten wie bösen Aspekt, zu erfassen. Dieses Erfassen wird nie vollkommen sein, und die Möglichkeit, sich einem Symbol, in dem Falle dem der Krone, irgendwie in dieser Art ganzheitlich zu nähern, wird auch immer nur in der eigenen Seele möglich sein.

Ein solches Herangehen kann im besten Falle die Chance bieten, für all das, was sich konflikthaft um CORONA rankt, ein tieferes Verständnis zu erlangen. Schließlich ist es ja unübersehbar, dass sich um CORONA emotional hochbeladene Geschehnisse abspielen:

Für die einen stellt der mit diesem Namen bezeichnete Virus eine das Individuum wie die ganze Menschheit bedrohende Gefahr dar, die anderen sehen im Virus den natürlichen Teil der Schöpfung, mit welchem die anderen Teile der Schöpfung, also auch die Menschen, in Zukunft schlichtweg leben werden, wie sie dies seit Jahrmillionen taten.

Verschiedenste weitere Sichtweisen werden – teils mit großer Vehemenz – geäußert, und die Vertreter der einen Richtung bekämpfen oft genug die Vertreter der anderen Richtung, so dass man meint, der von da und dort ausgerufene „Krieg gegen das Virus" beginnt in einen Krieg gegen den evtl. andersdenkenden Mitmenschen umzuschlagen. Im anderen Menschen wird heute – das ist als Phänomen nicht neu in der Geschichte – nicht nur der potentielle Keimträger, sondern auch der potentieller Verbreiter falscher Meinungen gewittert.

Unter www.symbolonline.de findet man zur „Krone" folgenden Eintrag:

> Die Krone ist Ausdruck der herrschaftlichen Würde, der Macht und der Weihe. Da sie auf dem Kopf getragen wird, hat sie eine die Person überhöhende, ins Transzendente weisende Bedeutung. Der Träger wird dadurch als übermenschliches, mit der höheren/geistigen Welt verbundenes Wesen legitimiert. Kopfaufsätze in Form von Federkronen oder Hörnermasken kommen schon bei Völkern mit schriftloser Kultur vor, reifartige Kronen sind hingegen Symbole des Königtums. Die ringartige Struktur nimmt den Symbolgehalt des Kreises – wie Vollkom-

menheit und Unendlichkeit – auf. Die strahlenförmigen Zacken erinnern an die Strahlen der Sonne und verkörpern geistige Energie und Macht.

Bei meiner Amplifikation zur Krone haben mich zwei Bilder besonders bewegt: Da ist zum einen das alte Bild der Schlange, welche sich in den Schwanz beißt. An der Stelle, an welcher sich Kopf und Schwanz berühren, entsteht der Strahlenkranz, kronenartig. Das ist der Moment, in welchem sich unüberbrückbare Gegensätze vereinen. Solche gekrönten Schlangen finden sich in vielen alten Darstellungen, sie tauchen in Sagen und Märchen auf.

Und dann bewegt mich ein jüdisches Weisheitswort, in welchem gefragt wird, was die größte Sünde des Menschen sei. Die Antwort lautet, dass diese darin bestehe, wenn der Mensch vergesse, dass er königlicher Abkunft sei. Wenn nun jemand König ist, so ist er König des ganzen Landes. Seine Krone steht keineswegs nur für heitere Himmels-Sphären oder opulente Feste im Schloss-Park. Nein, sie steht auch für die unteren Aspekte. Ein alchemistischer Text sagt es so:

> Nimm den unreinen Bodensatz, der im Kochgefäß zurückbleibt, bewahre ihn, denn er ist die Krone des Herzens.
> (Jung, GW 16, § 496)

In einem Interview hörte ich Queen Elisabeth II. sagen, wie schwer es sei, körperlich anstrengend, die Krone zu tragen. Nehme ich dies symbolisch, so trägt der gekrönte Mensch in seiner Bewusstheit wirklich alle Aspekte. Zu einem Reich gehören im Äußeren Diebe und Mörder, betrügerische Manager und Scharlatane, auch falsche Priester mit dazu. Und Individuation bedeutet, diesen Gestalten auch im Inneren ihren Platz einzuräumen.

Die religiösen Systeme der Menschen boten Wege an, diese Integration zu bewerkstelligen. Die Hauptfigur unserer westlichen Kultur, Christus, besuchte – berichtet im christlichen Mythologem – immer wieder zuerst die größten Sünder, berührte die Kranken usw., was psychologisch ja bedeutet, dass sich das Höchste mit dem Tiefsten vereint.

Wenn ich unserer Zeit recht verstehe, so ist der Umstand, dass sich die Gotteshäuser aller Konfessionen entleeren, Ausdruck dessen, dass die dort gelebten Rituale den Menschen in der Tiefe nicht mehr anzusprechen vermögen. Religiöse Symbole erneuern sich, versinken im Unbewussten und entstehen im Individuum neu.

Meine Erfahrung als Mensch, aber auch meine Erfahrung als Psychotherapeut, sagt mir, dass die Sehnsucht nach Sinn groß ist. Es ist ein Sehnen nach einem geistigen Bezugspunkt, der außerhalb des Ich liegt und dieses transzendiert, von dem aus gemeinschaftsstiftendes Handeln überhaupt in Gang gesetzt wird, soll die Gesellschaft nicht in Egoismen zerfallen.

Vorsichtig formuliert, als Frage: Könnte sich im auftauchenden Corona-Geschehen, zumindest in seinem psychosozialen Aspekt, ein solches Sehnen nach Sinn verbergen? Und, wenn ja, um welchen Sinn könnte es da gehen?

Christian Kessner
Dr. med., FA für Neurologie und Psychiatrie, Dozent und Lehranalytiker am DIPP Dresden, Mitglied in den C.G.Jung-Instituten Küsnacht und Berlin, Mitbegründer der C.G.Jung-Gesellschaft Sachsen, arbeitet in eigener Praxis in Dresden

„Wo aber Gefahr ist …"
Nachforschungen zu einer Nachtmeerfahrt

Ludger Verst

Ein Jahr ist es her, dass ich an Corona erkrankte. Wenn ich zurückdenke, ist vieles gleich wieder vor Augen: Asthmatischer Husten, 40 Grad Fieber, 11 Tage Intensivstation. Rund um die Uhr werde ich mit Sauerstoff beatmet. – Dabei war ich kerngesund, hatte keine Vorerkrankungen, keinen leichtfertigen Kontakt zu Infizierten. Und dann doch diese Infektion. Zunächst liege ich auf einer Isolierstation; andertags dann die traurige Nachricht: „Die Tests haben ergeben, dass Sie mit dem Corona-Virus infiziert sind." Ich, der ich sonst anderen helfe, bin jetzt selbst völlig hilflos, ein Häufchen Elend auf der Intensivstation.

Wie ich sie gehasst habe: diese viel zu eng sitzende Atemmaske mit den stramm gezogenen Gurten am Kopf. Sie gibt mir zwar Sauerstoff, nimmt mir aber die Luft beim Husten. Von Stunde zu Stunde quäle ich mich, und wenn ich nicht schlafen kann, schaue ich auf die große Uhr über der Tür: Wieder nur sind erst zehn Minuten vergangen.

Dieses Virus ist ein unsichtbarer, ungreifbarer Gegner. Es sabotiert meinen Körper. Es frisst sich in die Lunge und verklebt ihr die Flügel. Tief einzuatmen gelingt mir nicht mehr. Immer öfter röhrender, blutiger Husten. Auch das Fieber steigt wieder. Und unter der Maske zerspringt mir der Schädel. Ich drücke den Alarmknopf. Niemand kommt.

Im Dunkel eines Nicht-Mehr und Noch-Nicht

Als Berater und Seelsorger weiß ich um das Helle und Dunkle im Leben der Menschen und dass das Dunkle vor allem im Zwiespältigen, im Abgründigen und so eben oft als Krise in Erscheinung tritt. Hier aber nun selbst zu stehen – im Dunkel eines Nicht-Mehr und Noch-Nicht –, bedeutet, mich auf die Routinen meines Alltags nicht mehr verlassen zu können, hindurch zu müssen durch diese finstere Schlucht. Fiebrig gefangen unter der Maske zwingt mich das Beatmungsgerät durch heillose Fluten von Sauerstoff. Die Blutgaswerte bleiben schlecht. Es ist der kalte Schrecken einer Nachtmeerfahrt, die mir den Atem nimmt …, – um mich nach elf langen Tagen und elf langen Nächten wieder lebendig nach oben zu bringen.

Mich beschäftigen einige dieser Bilder und Eindrücke auch noch nach einem Jahr, und ich bin dankbar dafür, dass mir die Analytische Psychologie C. G. Jungs mit dem Motiv der Nachtmeerfahrt eine hilfreiche Reflexionsfolie anbietet. Im Anschluss an Leo Frobenius' „Das Zeitalter des Sonnengottes" (1904) verweist Jung nämlich auf ein mythisches Strukturmodell, das meinen und ähnlichen existenziellen Erfahrungen offensichtlich zugrundeliegt:

> Ein Held wird von einem Wasserungetüm im Westen verschlungen. Das Tier fährt mit ihm nach Osten (Meerfahrt). Inzwischen entzündet er in dem Bauche ein Feuer (…). Bald darauf merkt er, dass der Fisch auf das Trockene gleitet; er beginnt sofort das Tier von innen heraus aufzuschneiden; dann schlüpft er heraus. In dem Bauche des Fisches ist es so heiß gewesen, daß ihm die Haare ausgefallen sind.
> (Jung, 1973, § 310)

Meine Entlassung aus der Intensivstation – sie erscheint mir im Nachhinein wie der Ausstieg aus einer Arche nach überstandener Flut. Man fährt mich im Krankenhaus auf die Bettenstation zurück. Ich wundere mich, wo ich bin. „Da steigt die Sonne mit einem Ruck empor und wirft sich von einer Seite zur andern" (ebd.). Ein großer, sonnendurchfluteter Raum erwartet mich: Es ist ein Zimmer auf der anderen Seite, jenseits des Flures, an dem ich eingangs lag. Es ist der 6. April und inzwischen Frühling geworden.

Ich bin gerettet. Wieder zu Hause fühle ich mich gezeichnet von dem, was hinter mir liegt. Ich bin in eine neue Wachheit und Intensität durchgebrochen und doch gezeichnet: von einem Weniger an Gewicht (10 kg), an Haaren, an Ausdauer. Die körperlichen und seelischen Anstrengungen fordern ihren Preis. Wo ich stehe, sitze oder liege – ich verliere Haare, büschelweise. Erst Wochen später tritt Stillstand ein, und mit der körperlichen Kraft wachsen auch die Haare wieder.

Mein Krankenzimmer – ein therapeutischer Raum

Ich erinnere mich an ein Schlüsselwerk von Joseph Beuys mit dem Titel *Zeige deine Wunde* aus dem Jahr 1976. Die Installation im Münchener Lenbachhaus gilt heute als modernes Symbol für Krankheit, Leid und Schwäche, Alter und Sterblichkeit. Beuys verstand sie als einen therapeutischen Raum, als „Krankenzimmer", in dem er dem Betrachter seine eigene Wunde offenbaren und gleichzeitig Heilung erfahren konnte.

Ich erlebe mein Krankenzimmer im Rückblick als einen ebenso therapeutischen wie heilsamen Raum, als einen Begegnungsraum mit dem Göttlichen: hell und dunkel, angstvoll und mutig, kraftvoll und schwach. Diesem Raum der Begegnung entspringt eine Kraft, die – mehr als zuvor – mir erlaubt, über Verletzungen und Narben zu sprechen und nicht nur über Siege. Eine Kraft, die mein Heilwerden in Gang setzt, ja, überhaupt erst möglich macht. Nicht als Lehre oder Moral, sondern als etwas, das im Vorfeld der Erkenntnis liegt: vor-verbal, atmosphärisch, intuitiv.

Erst langsam findet sich eine Sprache, die vorsichtig und tastend und zugleich klar und deutlich ist. Ich erlebe mein Heilwerden als Intensivierung und Verdichtung, als ein Bewusstwerden der Beziehung des Selbst zum Ich, das in der Um- und Neudeutung eines bisher mehr oder weniger unsymbolischen Realismus besteht (vgl. Jung, 1992, § 713).

Jung verweist in diesem Zusammenhang auf den neutestamentlichen Nikodemus. Im Gespräch über „Wiedergeburt" will Nikodemus die Sache realistisch auffassen: „Wie kann ein Mensch, der schon alt ist, [neu] geboren werden? Er kann doch nicht in den Schoß seiner Mutter zurückkehren und ein zweites Mal geboren werden." (Joh 3, 4)

Mit der Antwort Jesu soll die verkürzende „materialistische" Anschauung des Nikodemus um eine symbolische Sichtweise erweitert werden. Jesus sagt ihm im Grunde das Gleiche, ergänzt es aber entscheidend: „Wahrlich, wahrlich, ich sage dir: […] Was aus dem Fleisch geboren ist, das ist Fleisch; was aber aus dem Geist geboren ist, das ist Geist. Wundre dich nicht, dass ich dir sagte: Ihr müsst von neuem geboren werden." (Joh. 5 f.)

Glauben geht immer auf ein Erleben zurück

Jung hat – seiner empirischen Einstellung entsprechend – immer wieder darauf hingewiesen, dass sich religiöse Symbolbildung ohne die Einbeziehung von Emotionalität und die Energie von Triebvorgängen gar nicht denken ließe. Sie sei grundsätzlich als ein natürlicher Vorgang zu beschreiben und zu erklären. Legitimer Glaube gehe immer auf ein Erlebnis zurück (vgl. Jung, 1973, § 345).

Ich sehe dies durch meine Erfahrung des letzten Jahres bestätigt, auch in Gesprächen mit Klient*innen, die ihrerseits in bedrohlichen Situationen auf ihre ureigenen, inneren Kräfte setzen, ja, oft nach langer Zeit auf Symbolisierungen zurückgreifen, in denen sie ihren (Kinder-)Glauben wiederentdecken. Zu den natürlichen Heilungskräften in ihnen gehört, dass gerade dort, wo herkömmliche Methoden der Bewältigung und Heilung an ihre Grenzen stoßen, sich die Potenziale der eigenen seelischen Entwicklung bemerkbar machen. Zeige deine Wunde: Weil darin schon der erste Schritt der Wandlung deines Schmerzes liegt!

Da es sich beim Glauben um zentrale und lebenswichtige »Obervorstellungen«, welche dem Leben allein den notwendigen Sinn verleihen, handelt, so stellt sich dem Psychotherapeuten zuallererst die Aufgabe, selber die Symbole neu zu begreifen, um seinen Patienten in dessen unbewußtem kompensatorischen Streben nach einer Einstellung, welche das Ganze der menschlichen Seele ausdrückt, zu verstehen.
(Jung, 1973, § 346)

Heilung erfährt, wer mit seinen spirituellen Ressourcen in Berührung kommt

In verblüffender Weise entwickeln Menschen ein Gespür für sich und das, was sie lebendig macht in ihrem Leben. Wann immer das passiert, wird das Vertrauen in die inneren Selbstheilungskräfte, ohne die weder Therapie, Beratung, noch Seelsorge wirken könnten, neu belebt. Menschen können sich nicht zu irgendetwas aus bloßer Vernunft wandeln, sondern nur zu dem, was als Möglichkeit, als Potenzial in ihnen schon angelegt ist. Erfahrungen von Menschen, die durch Krisen hindurchgegangen sind und sich durch sie haben verwandeln lassen, fasst C. G. Jung so zusammen:

Sie kamen zu sich selber, sie konnten sich selber annehmen, sie waren imstande, sich mit sich selbst zu versöhnen, und dadurch wurden sie auch mit widrigen Umständen und Ereignissen ausgesöhnt.
(Jung, 1992, § 138)

Im Durchgang durch meine persönliche Krankheits- und Heilungsgeschichte wurde mir klar: Die geistige Wiedergeburt, das Sich-Wandeln-Lassen ist die Aufgabe der zweiten Lebenshälfte, eine Aufgabe voller Gefahren und voller Verheißungen. Sie verlangt weniger psychologische Kenntnisse als vielmehr das, was wir mit Spiritualität oder Frömmigkeit bezeichnen: die Bereitschaft, sich nach innen zu wenden, um auf den Gott zu hören, der in uns ist.

Literatur

Jung, C. G. (1973). *Symbole der Mutter und der Wiedergeburt*. GW 5. Olten: Walter.

Jung, C. G. (1992). *Psychologie und Religion*. GW 11, Olten: Walter.

Frobenius, L. (1904). *Das Zeitalter des Sonnengottes*. Berlin: Reimer.

Verst, L. (2020). *Atemzug um Atemzug*. In: Frankfurter Rundschau, 76. Jg., Nr. 113 vom 15.05.2020 – https://www.fr.de/panorama/coronavirus-ringen-tod-13764850.html

Ludger Verst
Vorsitzender der C. G. Jung-Gesellschaft Frankfurt am Main, Lehrbeauftragter im Institut für Pastoralpsychologie und Spiritualität der PTH Sankt Georgen, Schul- und Krisenseelsorger sowie Berater und Supervisor an Schulen im Bistum Mainz, Personzentrierter Berater (GwG/DGfB) in eigener Praxis.

Felix Impfung

Volker Hansen

Eine Einladung war an mich ergangen, wegen der Impfung heute zur „Messe" zu kommen. Viele Taxis standen vor dem Platz. Ich war zeitig angekommen, ging mit langsamen Schritten voran und in mir formte sich der Satz: „Ich bin hier richtig."

Eine lockere Prozession von Impfbereiten bewegte sich gemessenen Schrittes zum Eingang der Halle. Überall standen freundliche Hilfskräfte aus aller Welt bereit. Sie prüften meine Papiere, wiesen mir den Weg zur Reinigung meiner Hände und zum Raum, wo ich ein letztes Mal über die heilende Handlung unterrichtet wurde.

Schauer liefen mir über den Rücken. Ich befand mich in etwas Weltumfassenden, war verbunden mit so viel Leid, Hoffnung, Enttäuschung, Krankheit, Tod, Forschung, Erleichterung, Trotz, Verzweiflung, Arbeit, Streit, Verzicht, Protest, Einsicht, – und mit so viel noch offenen Fragen – in aller Welt.

Weiter ging es durch die weitläufigen Wege. Überall die einladend winkenden jungen Menschen. Bis ich schließlich eintreten durfte in die kleine nüchterne Kabine. Hier wurde eine letzte gründliche Prüfung meiner Papiere vorgenommen und meine Daten eingetragen.

Meine Rührung verstärkte sich. Die Ärztin trat ein, befragte nochmals meine gesundheitlichen Vorausetzungen und nahm dann die heilende Handlung vor, den kleinen Stich, – die Einverleibung.

Danach erkundigte sie sich, ob ich noch Fragen hätte, und ich sagte: „Warum bin ich so gerührt?" Sie sagte: „Ja, ich musste auch heulen."

Dann versorgte sie mich mit dem kleinen Pflaster, und bald erhob ich mich. Und nun wurde mir wieder winkend der Weg gewiesen. Es ging in einen großen Raum, wo viele Leute vereinzelt saßen, um das Geschehene nachwirken zu lassen.

Schließlich entschloss ich mich, den Rückweg anzutreten. Nochmal ging es vorbei an all den Mitwirkenden in dieser ganzen weltumspannenden heilenden Veranstaltung. Vorbei an Sammelkästen für Spenden, vorbei wieder an den draußen wartenden Taxis.

Ich setzte mich ins Auto und weinte.

Dr. med. Volker Hansen
Psychoanalytiker und Paartherapeut. Mitbegründer der C. G. Jung-Gesellschaft Berlin.

Noch bist du da

Margarete Leibig

(Foto: pict rider. Adobestock 275116143)

bedrohte ordnungen

Wirf deine Angst
in die Luft

Bald
ist deine Zeit um
bald
wächst der Himmel
unter dem Gras
fallen deine Träume
ins Nirgends

Noch
duftet die Nelke
singt die Drossel
noch darfst du lieben
Worte verschenken
noch bist du da

Sei was du bist
Gib was du hast

(Rose Ausländer)

Dieses Gedicht erscheint mir wie eine Einladung ins Leben und wie ein Ruf zu leben! Wirf deine Angst in die Luft … das heißt auch, halte sie nicht fest, die Angst, halte Dich nicht fest an der Angst, lass sie los, angesichts dessen, dass die Zeit bald um ist.

Selbst, wenn in Zeiten der Pandemie die Angst kollektiv spürbar ist, identifiziere Dich nicht mit der Angst, erlaube Dir zu leben!

Nimm mit allen Sinnen auf, was das Leben Dir jetzt und heute schenkt. Rieche den Duft der Nelke, hör den Gesang der Drossel, nimm Deine Gefühle wahr, Du darfst noch lieben und das Wunder der Liebe spüren! Und Du hast den Reichtum der Worte, verschenke sie und behalte sie nicht für Dich alleine, sei großzügig und sei da. Noch bist du da! Und dann kommt der Aufruf zur Individuation:

***Sei was Du bist,
Gib was du hast!***

Ausländer wurde 1901 in Czernowitz, als Rose Scherzer, geboren und ist 1988 in

***Nicht müde werden,
sondern dem Wunder leise
wie einem Vogel die Hand hinhalten.***
(Hilde Domin)

Müde sein, von der Last der Konflikte, von der Last der derzeitigen Corona-Pandemie, von der Last scheinbarer Ausweglosigkeit, von der Last des Leids und der Bedrohung in der Welt. Wer von uns kennt diese Müdigkeit nicht!

Und wie gut, wenn es in uns eine Stimme gibt, die, wie im Gedicht von Hilde Domin, vom Wunder spricht. Vielleicht ist sie sehr leise und doch unüberhörbar. Wenn wir stille werden und nach innen zu lauschen bereit sind, hören wir sie.

Eine zarte Stimme, die uns Mut macht, dem Wunder die Hand hinzuhalten, dem Wunder eine Chance zu geben, dass es sich niederlassen kann mitten in uns.

Hilde Domin wusste, wovon sie schrieb. Sie hat mit diesen Zeilen eine Sprache gefunden, die hilft, Not zu überstehen, ihre eigene große Not. Hilde Domin ist eine Schriftstellerin jüdischen Glaubens, 1929 in Köln geboren mit dem Namen Löwenstein, und gestorben 2006 in Heidelberg. Sie musste Schutz vor den Nationalsozialisten suchen und fand diesen im Exil in der Dominikanischen Republik. Dort hat sie ihren Künstlernamen „Domin" angenommen. 1961 kam sie nach Heidelberg zurück und lebte und arbeitete dort als Lyrikerin bis zu ihrem Tod.

Düsseldorf gestorben. Sie ist in einer Familie aufgewachsen, in der sich ihr Vater zum Freidenkertum bekannte, und es wurden in der Familie die Regeln der jüdischen Tradition dennoch bewahrt.

Die Familie floh vor der russischen Besetzung nach Budapest, dann nach Wien. Rose machte zunächst eine kaufmännische Ausbildung, studierte, zurück in Czernowitz, Philosophie und Literatur. Sie wanderte 1921 auf Anraten der Mutter in die USA aus, mit ihrem Freund Ignaz Ausländer, den sie in New York heiratete. 1926 erhielt sie die amerikanische Staatsbürgerschaft und trennte sich im gleichen Jahr von ihrem Mann.

Sie kehrte immer wieder nach Czernowitz zurück, um ihre kranke Mutter zu pflegen, ihr Vater war verstorben. Von 1931 bis 1935 war sie mit dem Graphologen und Kulturjournalisten Helios Hecht zusammen. 1939 wurde sie vom russischen Geheimdienst verhaftet und der Spionage für die USA bezichtigt. Nach vier Monaten kam sie wieder frei. 1941 besetzten die mit Deutschland verbündeten rumänischen Truppen Czernowitz. Rose Ausländer wurde in das Getto der Stadt gesperrt, wo sie Paul Celan kennenlernte. Sie überlebte die Deportation in einem Kellerversteck.

Nach dem Krieg ging sie nach New York und schrieb ihre Gedichte bis 1956 ausschließlich auf englisch. 1964 zog sie nach Wien um und ein Jahr später nach Düsseldorf. Mit ihren Gedichten hatte sie in dieser Zeit ihren literarischen Durchbruch, reiste viel und zog 1972 in das Nelly-Sachs-Haus, das Altenheim der Jüdischen Gemeinde in Düsseldorf, wo sie 1988 verstarb.

Ein weiteres Gedicht ist mir eingefallen das die Zuversicht angesichts der bedrohten Ordnungen verkörpert:

Margarete Leibig
Dipl.-Soz.päd., Analytische Kinder- und Jugendlichen-Psychotherapeutin, Psychodramatherapeutin, Dozentin, Supervisorin am C. G. Jung-Institut in Stuttgart, ehem. Vorstandsmitglied des C. G. Instituts, der Deutschen Gesellschaft für Analytische Psychologie und aktuell Vorstandsmitglied der Internationalen Gesellschaft für Tiefenpsychologie.

Le Havre
Ein Film von Aki Kaurismäki (2011)

Dieter Volk

Der finnische Regisseur Aki Kaurismäki trat in Deutschland zum ersten Mal 1986 durch seine Teilnahme am Filmfestival in Selb und an der Berlinale 1988 in Erscheinung. Einem breiteren Publikum wurde er jedoch erst 2006 mit seinem Film *Lichter der Vorstadt* bekannt.

In den Filmen seiner *Proletarischen Trilogie* begründete Kaurismäki seinen Ruf als Erzähler von sozialkritischen Geschichten. Diese Filme – *Schatten im Paradies* (1986), *Ariel* (1988), *Das Mädchen aus der Streichholzfabrik* (1989) – nennt Kaurismäki Erinnerungen an die finnische Wirklichkeit. In ihnen beleuchtet er die Nöte der kleinen Leute und ihre Versuche, das Elend und die Misslichkeiten in ihrem Leben zu bewältigen. Sie sind sowohl eine sensible Beschreibung als auch eine Würdigung der finnischen Arbeiterklasse.

Ein noch deutlicheres Bild einer Gesellschaft in Schieflage zeichnet Kaurismäki in seiner *Finnischen Trilogie*, auch *Trilogie der Verlierer* genannt. In *Wolken ziehen vorüber* (1996), *Der Mann ohne Vergangenheit* (2002), *Lichter der Vorstadt* (2006) werden Schicksale von Menschen in sozialen Randmilieus thematisiert. Sie erzählen vom Verlust der Arbeit, widmen sich Obdachlosigkeit und Einsamkeit, zeigen Brüche in den Biografien ihrer Protagonisten, gebrochene Figuren, die als Antihelden an die Figuren des *Film noir* erinnern, weil sie wie diese nur verlieren können.

Minimalismus als Stilmittel

Kaurismäkis Filme sind bekannt für ihre sparsamen Dialoge – immer wieder gibt es Sequenzen von fast quälend langem Schweigen. Sie sind gekennzeichnet durch eine unkonventionelle Ästhetik der Kargheit, kein Bild, kein Wort zu viel, die Schauspieler sparsam im Ausdruck, zurückhaltend in Mimik und Gestik: Minimalismus als durchgängiges Stilmittel.

Auch die Interieurs wirken äußerst reduziert und stilisiert, meist in den kaurismäkitypischen Blautönen gehalten. Oft trostloses Grau-blau, manchmal das Stimmungsbild aufhellendes Grün-blau. Solchem Blaustich setzt die Kamera immer wieder deutliches Rot oder Gelb entgegen, um Momente der Vitalität, der Liebe, der Hoffnung anzudeuten, bzw. um die Absurdität einer Situation zu unterstreichen.

Aber bei allem Jammer und Elend, dem melancholischen Abbild der Gesellschaft, den die Filme vor Augen führen, leuchtet in ihnen Humor auf, lakonisch, oft ganz zart, manchmal schwarz. Keine Komik, die zu lautem Gelächter animiert, vielmehr zu leisem befreienden Schmunzeln verhilft.

Nicht nur der Humor kann als Träger der Hoffnung gesehen werden. Denn bei aller Verzweiflung und Vergeblichkeit schimmern immer wieder Momente der Zuversicht auf.

Meist gibt es am Ende eines Films Szenen, oft nur angedeutet, hingehaucht, die Ausblicke geben in eine Zukunft, die nur besser werden kann. Sei es die Flucht, die im letzten Moment gelingt, sei es, dass die Protagonistin erhobenen Hauptes ins Gefängnis geht, immer ist es der Versuch zu entkommen, die Suche nach einem Ausweg.

Ungewohnte Leichtigkeit
Nach Lichter der Vorstadt bedurfte es einer fünfjährigen Pause, bevor Kaurismäki 2011 mit Le Havre einen neuen Film schuf. Er ist der erste Teil einer Trilogie der praktischen Menschlichkeit, dem er 2017 mit Die andere Seite der Hoffnung ein weiteres Werk folgen ließ.

Wenn man sieht, wie die Menschen in Kaurismäkis Filmen straucheln und tief fallen und dass es meist nur Spuren von Hoffnung gibt, stellt sich bei solchen Geschichten oft ein Gefühl tiefer Melancholie und Traurigkeit ein. Aber in Le Havre wagt Kaurismäki etwas Neues. Aus den gewohnt skurril-trostlosen Alltagsbildern wird nun eine Geschichte von ungewohnter Leichtigkeit, die er in „realistischer Poesie" erzählt, ein Märchen ganz von dieser Welt.

Wie dieses? Hat sich Kaurismäki neu erfunden? Während des Filmfestivals 2011 in Cannes bekundete er, mit der Zeit älter und sensibler geworden zu sein. Deshalb wolle er von jetzt an nur noch positive Geschichten erzählen. Je skeptischer er auf die Welt sähe, desto sanfter würden nun seine Filme. Und tatsächlich erinnert Le Havre mit seinen zwei Happy Ends mehr an ein modernes Märchen als an eine typische Tragikomödie nach Kaurismäki-Art. Dennoch, er bleibt auch jetzt seinen Themen und stilistischen Eigenheiten treu.

Zwar drehte Kaurismäki den Film in Frankreich in französischer Sprache und mit französischen Schauspielern. Trotzdem wollte er nicht auf seine finnischen Lieblinge verzichten, allen voran auf die Schauspielerin Kati Outinen und auf seinen Hund Laika. Um eine märchenhaft-nostalgische Atmosphäre zu schaffen, blieb er bei seinem bewährten Stammteam, dem Kameramann Timo Salminen und dem Cutter Timo Linnasalo, der die Szenen wie gewohnt extrem langsam macht. Auch bleibt es bei den grau-blauen Grundtönen seiner Bilder, die durch besonders deutliche Rot- und Gelbtupfer belebt werden.

Erschütterung der gewohnten Ordnung
Auch in Le Havre stehen die „kleinen Leute" im Zentrum des Geschehens. Aber das Spektrum dieser Gesellschaft ist weiter geworden, sodass der Plot des Films zu einem Gefüge aus verschiedenen Welten wird. Zwar waren die Menschen in Kaurismäkis Filmen schon immer irgendwie auf der Flucht, in Le Havre aber nimmt er das Flüchtlingsthema direkt in den Fokus. Und so erzählt er eine Geschichte, in der es auch um Flüchtlinge geht und um deren Schicksal. Doch der Film wechselt gewissermaßen die Perspektive, indem er als Protagonisten einen Mann ins Zentrum stellt, voll guten Willens und unerschütterlichem Optimismus und einer abenteuerlichen Beharrlichkeit, einen Menschen, der entschlossen zur Tat schreitet:

Marcel Marx (André Wilms), der seinen Vornamen nach dem von Kaurismäki bewunderten französischen Regisseur Marcel Carné und seinen Nachnamen nach Karl Marx hat, ist als Schriftsteller und Bohemien in Paris gescheitert. Jetzt ist er Schuhputzer in Le Havre und führt mit seiner Frau Arletty (Kati Outinen)

– benannt nach der französischen Schauspielerin Arletty in Carnés *Die Kinder des Olymp* – ein bescheidenes, aber zufriedenes Leben, eingebettet ins einfache Milieu seines Wohnviertels. Die Welt ist in Ordnung, das Leben könnte so weiter gehen.

Bis zwei Ereignisse seinen gewohnten Alltag durcheinanderbringen, sein Leben in Unruhe versetzen. Seine ernsthaft erkrankte Frau muss plötzlich ins Krankenhaus, und Marcel trifft am Hafen auf Idrissa (Blondin Miguel), einen Flüchtlingsjungen aus Afrika, der sich vor der Polizei versteckt, und dem Kommissar Monet (Jean-Pierre Darroussin) bereits auf den Fersen ist. Idrissa will illegal weiter zu seiner Mutter nach London.

Gelingende Solidarität

Was tun? Klar, dass der Junge verloren ist, wenn er der Polizei in die Hände fällt.

Ganz selbstverständlich nimmt sich der Schuhputzer des Jungen an und versteckt ihn bei sich zu Hause. Und jetzt geschieht etwas, was es so noch nie bei Kaurismäki gegeben hat.

Immer war er in seinen Filmen auf der Suche nach Solidarität, meist vergeblich.

Jetzt erzählt er die Geschichte gelingender Solidarität. Da sind Marcels Nachbarn, die Bäckersfrau, der Gemüsehändler, die Wirtin der Bar, in der er sein Feierabendgläschen trinkt, bei allen ist er beliebt, obwohl der arme Schlucker bei ihnen tief in der Kreide steht. Als sie mitbekommen, dass Marcel den kleinen Flüchtling bei sich daheim versteckt, überhäufen sie ihn ohne Bedenken mit Lebensmitteln.

Es scheint, als habe sich Marcel, angerührt durch die beiden Schicksalsschläge, geöffnet für die Not anderer und als habe dies eine überschäumende Energie und Entschlossenheit in ihm frei gesetzt. Denn die Nachbarschaft im Arme-Leute-Viertel entwickelt sich zur Solidargemeinschaft, Menschen, von denen Marcel solches gar nicht erwartet hätte, zeigen Freundlichkeit, Mitgefühl und Hilfsbereitschaft. Miteinander setzen sie Himmel und Hölle in Bewegung, damit der Junge die Weiterreise antreten kann. Da sich inzwischen herausgestellt hat, dass er für den Transfer durch Schleuser 3000 Euro braucht, organisieren sie ein Benefizkonzert mit dem Altrocker „Little Bob", dem „Elvis von Le Havre". Er gibt eine gelungene Vorstellung, das benötigte Geld ist beisammen.

Vertreter von Recht und Ordnung?

Aber die Rettungsaktion wird immer schwieriger, denn der einzige Bösewicht in der Geschichte, Marcels Nachbar (Jean-Pierre Léaud), denunziert ihn bei Kommissar Monet.

Und Monet, von seinem Vorgesetzten dringlich ermahnt, den jungen Flüchtling bald zu fassen, kommt Idrissa auf die Spur. Überraschenderweise greift er aber nicht zu, als er bei Marcel zu Hause unvermittelt auftaucht: „Es weht ein eisiger Wind draußen. Danke, dass Sie mich rein gelassen haben." Erstaunlich? Es ist nicht die erste Äußerung des Kommissars, die zeigt, dass er zwar Vertreter von Recht und Ordnung ist, aber nicht der Büttel einer herzlosen, kalten Staatsmacht.

In der Situation zu Anfang, als ein Polizist am Hafen auf den entwischenden Idrissa schießen will, verhindert dies der Kommissar: „Sind sie verrückt? Es ist doch ein Kind." Und an anderer Stelle: „Ich komme als Freund", oder „Ich habe auch eine empfindliche Stelle im Herzen." Schließlich warnt er Marcel in höchster Gefahr vor dem anstehenden Zugriff der Polizei. Durch diesen Akt der „praktischen Mitmenschlichkeit" können sich Marcel und Idrissa in Sicherheit bringen.

Polizist und Mitmensch
Monet, im Filmgeschehen eine durchaus wichtige und interessante Figur, die einer genaueren Betrachtung wert ist: Im Habit eines klassischen Kommissars des „Film noir" auftretend – schwarzer Trenchcoat, schwarzer Hut, schwarze Lederhandschuhe – und immer streng blickend, ist Monets Rolle eigentlich als die eines Gegenspielers von Marcel angelegt, und über weite Strecken scheint es, als wären sie dies auch.

Aber je länger je mehr wird deutlich, dass sich hinter dieser Fassade ein „Mitmensch" verbirgt, der zu Mitgefühl und Empathie fähig ist. Und letztlich kommt er zur selben Entscheidung wie Marcel, nämlich dem jungen Flüchtling zu helfen.

Doch anders als dieser muss sich der Kommissar mit den Normen und Regeln seines Berufs auseinandersetzen. Es scheint, als passe die oft unbarmherzige, starre Persona des Gesetzeshüters nicht (mehr) zu ihm als alterndem Kommissar, als sei es für ihn an der Zeit, eine Verbindung herzustellen zu der „empfindlichen Stelle" in seinem Herzen. Und es zeigt sich, dass er dabei ist, einen Weg zu finden, wie für ihn als Polizist Mitmenschlichkeit möglich ist.

Dennoch – seine ambivalente Haltung ist bis zu den letzten Bildern des Films zu erkennen. Dies erhält die Spannung und versetzt den Zuschauer in einen Zustand des Hoffens und Bangens. Nie ist man sicher, ob die Rettung des Jungen gelingt.

Als seine Polizistenkollegen das Boot, mit dem Idrissa den Hafen verlassen soll, durchsuchen wollen, versperrt er die Luke, unter der sich der Junge versteckt hält und beteuert, alles sei in Ordnung, um dann aber auf den zweifelnden Blick des Polizisten – ganz den Spielregeln der Hierarchie entsprechend – mit der Frage zu antworten: „Wollen Sie meine Autorität in dieser Situation bestreiten?"

Der eigentlich Rettende
Auch wenn die Rettung Idrissas im Zentrum steht, kann der Junge als der eigentlich Rettende gesehen werden. Er ist es, der Liebesgeschichten inspiriert, der Beziehungen belebt, durch ihn werden Veränderungen angestoßen.

Die Flüchtlinge haben keine Stimme, aber Kaurismäki verleiht ihnen ein Gesicht. Ein Gesicht, das man nicht so schnell vergessen wird. Idrissa, dessen Blick einerseits seine Not, seine Angst, seine Hoffnung zum Ausdruck bringt und dessen An-Blick andererseits Energie, Zuneigung, Opferbereitschaft, Empathie mobilisiert, durchaus im Sinn des Kindarchetyps der Analytischen Psychologie.

Er steht damit für die Notwendigkeit des Sich-Berührenlassens als Voraussetzung für Entwicklung und Wandlung. Obwohl anfänglich Kontrahenten, sind sich Marcel und Monet nähergekommen. Vom An-Blick des Jungen tief berührt, hat das Geschehen beide verändert, ihnen zu einer Korrektur, gar Wandlung ihrer Persönlichkeit verholfen. Der freie „wurstige" Bohémien und der Hüter des Gesetzes verkörpern zwei Persönlichkeitsaspekte, die der Ergänzung bedürfen. Und so verwundert es nicht, dass Marcel, als das Schiff den Hafen verlassen hat und sie wieder an Land sind, den Kommissar fragt: „Dürfte ich Ihnen bei einem Glas Wein meine Entschuldigung anbieten?", und dieser ebenso freundlich und respektvoll antwortet: „Warum nicht bei einem Calva."… Vielleicht ist dies „der Beginn einer wunderbaren Freundschaft." Nicht genug: Kaurismäki gönnt seinen Figuren und dem Zuschauer noch ein zweites Wunder, indem er einen unglaublichen Schluss aus dem Ärmel schüttelt und Marcels Frau Arletty als geheilt aus dem Krankenhaus entlässt.

Ein Märchen aus der Wirklichkeit

Eine Story – zu schön, um wahr zu sein? Sie könnte unerträglich kitschig sein, wenn sie nicht von Kaurismäki erzählt würde.

Le Havre – als zweitgrößter Handelshafen Frankreichs und wichtiges Wirtschaftszentrum – verfügt über ein hochmodernes Stadtensemble mit herausragender Architektur. Nichts von alledem zeigt der Film. Stattdessen inszeniert Kaurismäki eine Geschichte voller nostalgischer Bilder. Die Orte sowie die Figuren wirken seltsam antiquiert, geradezu museal: Die Straßen, die Häuser, Marcels winzige Wohnung, das Interieur, ein altmodisch gekleideter Kommissar, sein Renault 16, die Bar mit dem herrlich unpassenden Namen „La Moderne", alles kunstvoll stilisiert, ein Hauch der 50er Jahre.

Aus lang vergangenen Zeiten sind auch die vielen Anleihen aus klassischen französischen Filmen, mit denen die Geschichte gespickt ist. Mit *Hafen im Nebel*, den Marcel Carné 1938 drehte, ist Le Havre als Szenarium vorgegeben, eine Rückschau, für Kaurismäki ein Erinnerungsort. Es heißt, er habe Le Havre auch als Drehort gewählt, weil sie als Stadt des Blues, Souls und Rock'n Roll gilt, verständlich bei Kaurismäkis Begeisterung für besondere Filmmusik – auch sie strahlt den Charme vergangener Tage aus. Alles ist anachronistisch und durchweht von Nostalgie.

Um so gegenwärtiger und bedrängender ist dagegen der Kern der Geschichte, denn dieses Gestern der Szenerie wird zum Schauplatz der aktuellen Flüchtlingsproblematik. Mit den illegalen Einwanderern bricht ein Stück hochbrisanter Realität in diese stilisierte vergangene Welt ein, wie „Boten aus der Wirklichkeit." Erschreckend die Szenen mit hochgerüsteten Polizisten, die bereit sind, auf „Terroristen" zu schießen. Wie ernst es Kaurismäki mit dieser aktuellen Thematik meint, lässt sich daran ablesen, dass er es sogar wagt, Dokumentaraufnahmen von der Räumung des „Dschungels von Calais" einzumontieren, die erschrecken, aber nicht als Fremdkörper wirken.

Eine Welt, die ganz künstlich ist und sehr real. Wie lässt sich das zusammenbringen? Bei aller Ernsthaftigkeit wirkt die Geschichte, als sei sie aus der Zeit gefallen, als sei sie zeitlos wie ein Märchen. So als suche Kaurismäki Zuflucht im Märchenhaften als kraftvollem allgemein-menschlichen Möglichkeitsraum. Als wolle er damit einer grausamen Realität die in allen Menschen verwurzelten Sehnsüchte entgegenhalten und Lösungen „praktischer Mitmenschlichkeit" anbieten.

Weil Kaurismäki, wie er sagte, „für Sozialreportagen zu sensibel" sei, übersetze er seinen Zorn über die demütigende Behandlung der Flüchtlinge in seine ureigene Erzählweise, die jedes Bild stilisiert und die Fabel ausdrücklich zum Märchen ausspinnt. (Rainer Gansera in: Süddeutsche Zeitung 7.09.2011)

Bei den Dreharbeiten habe er zu Marcel-Darsteller André Wilms einmal gesagt: „Es ist mir vielleicht nicht gelungen, die Welt zu verändern, aber ich hoffe doch stark, dass die Welt uns nicht zu sehr verändert hat!" (SZ 7.09.2011)

Le Havre ist als DVD im Handel erhältlich.

für Sie gesehen

Dieter Volk
Analytischer Kinder- und Jugendlichen-Psychotherapeut, Dozent am C. G. Jung-Institut Stuttgart. Dort Initiator der Veranstaltungsreihe „Film im Keller".

Christiane Lutz / Pia Schiller
Göttinnen, Götter, Mythen: Archetypische Träume von Kindern und Jugendlichen,

Stuttgart: Kohlhammer 2020, 170 S., € 36,00.
ISBN 978-3-1703-7934-3

Christiane Lutz und Pia Schiller gehen in ihrem neuen Buch von der Frage aus, was uns die alten Göttergeschichten heute noch sagen können. Nach ihrer Auffassung geben vor allem archetypische Träume von Kindern und Jugendlichen darauf eine Antwort.

Das Buch beginnt mit der Weisheit Ägyptens, behandelt jedoch größtenteils griechische Mythen, bezieht aber auch gelegentlich Kelten, Germanen, Etrusker, Judentum und Christentum ein.

Das ägyptische Kapitel fängt mit Isis, Osiris und Seth an, thematisiert jedoch vor allem das Totengericht mit Maat, Anubis und Thot. Die Autorinnen setzen bei der Besprechung griechischer Mythen mit der Problematik des menschlichen Wunsches nach Gottgleichheit und der damit zusammenhängenden Hybris ein und führen als Beispiele Prometheus, Ikaros, Sisyphos oder Marsyas an.

Im nächsten Kapitel geht es um die Dynamik von Verwirrung, Erkenntnis und Ganzwerdung. Ein besonderer Aspekt dieser Thematik ist die rivalisierende Eifersucht unter Frauen, was Lutz und Schiller am griechischen Mythos vom "Urteil des Paris" und an der germanischen "Sigurd"-Sage durchspielen.

Auf Kreta zeigt sich eine andere Seite des Problems in den Erzählungen von König Minos, vom Stier des Poseidon und vom Minotaurus, in denen die Frage des angemessenen Opfers in den Mittelpunkt gestellt wird. Exemplarisch für Möglichkeiten des Weges zur Erkenntnis und Ganzwerdung sind die Sage vom Labyrinth des Minotaurus, die Schöpfungsgeschichte des Alten Testaments und die Einweihungsriten der Kultstätten von Eleusis, Samothrake und Ephesus.

Danach werden einige Muttergottheiten als Verkörperungen des alten Matriarchats vorgestellt. Hera, Hestia und Demeter aus der griechischen Mythologie sowie Brigid und Lilith aus dem keltischen und altjüdischen Sagenbereich. Als männliche Pendants und Repräsentanten des Patriarchats in Griechenland erscheinen dann die Vatergottheiten Zeus, Poseidon und Hades, die unter sich die Herrschaft über die Welt aufteilen.

Die Verfasserinnen räumen danach der Kindheit und dem Archetyp des göttlichen Kindes ein eigenes Kapitel mit Beispielen aus den Kulturbereichen der Ägypter, der Kelten, der Etrusker und des Christentums ein. Ausnahmsweise werden hier die alten Griechen nicht erwähnt, die dafür im nächsten Abschnitt mit den Göttinnen der Töchtergeneration wieder sehr stark vertreten sind: Athene, Artemis und Aphrodite sowie quasi außer Konkurrenz Hekate.

Das Schlusskapitel stellt dann einige Söhne des Zeus vor: Apollon, Hephaistos, Ares, Hermes und Dionysos. Als einzige Verkörperung der Enkelgeneration erscheint der Heiler Asklepios gleichberechtigt neben seinem Vater Apoll. Am Ende des Buches steht kein Gott, sondern ein Mensch: Ödipus, der das Rätsel der Sphinx lösen soll, sich dadurch aber erst richtig in die Zwiespältigkeit seiner eigenen Existenz verstrickt.

Die Träume der jungen Patienten werden zwischen die einzelnen mythologischen Darstellungen eingeschaltet. Im Gegensatz zu Traumhandlungen mit bekannten Personen sind sie archetypisch und enthalten nur Bilder, in denen das Traum-Ich meist bloß als Beobachter agiert. Figuren, die darin auftreten, sind unpersönlich und verkörpern eine Tiefe der symbolischen Aussage, die sich dem spontanen Zugriff des interpretierenden Bewusstseins verschließt, aber dennoch etwas Wesentliches von der träumenden Persönlichkeit und ihrer Grundproblematik ausdrückt.

Manchmal beziehen sie sich auf die umfassenden Mythen des europäischen Kulturraums, die das Rätsel der Beziehung zwischen dem Göttlichen und den Menschen umkreisen, ohne es endgültig lösen zu können. Auch die uns fremde Welt des ägyptischen Mythos mit seinen Themen der Polarität von Licht und Schatten oder der Gerechtigkeit bei der Bestandsaufnahme des Lebens am Ende durch das Totengericht schlägt sich in den Träumen heutiger Kinder und Jugendlicher nieder.

Doch vor allem die griechischen Mythen und Sagen als erste literarische Ausprägungen der europäischen Kultur haben bis in die Gegenwart kaum etwas von ihrer ursprünglichen Faszination verloren, die sich auch in den unbewussten Schöpfungen der jungen Patienten spiegelt. Die Hybris eines Prometheus oder Sisyphos ist darin als Problem ebenso zu finden wie die Eifersucht und Rivalität von Hera, Athene und Aphrodite beim Urteil des Paris oder auf Kreta die Unfähigkeit von Minos bezüglich eines adäquaten Opfers für Poseidon und die Verstrickung von Theseus im Labyrinth des Minotaurus, aber auch die Initiation in die Tiefe des eigenen Wesens, wie sie in Eleusis, Samothrake und Ephesus praktiziert wurde.

Hera, Demeter, Hestia, Brigid und Lilith als Vertreterinnen des Matriarchats tauchen in Träumen von Mädchen und jungen Frauen auf, wenn es um weibliche Entwicklung und Selbstfindung geht. Zeus, Poseidon und Hades als Verkörperungen des heute immer noch dominierenden Patriarchats treten in den seelischen "Produktionen" von männlichen und weiblichen Jugendlichen auf und konfrontieren die jungen Patienten mit ihrer Schattenseite oder mit dem Problem der Autorität, an dem sie sich abarbeiten müssen.

Auch der Archetyp des göttlichen Kindes zeigt sich nachts in den Bildern des Unbewussten und bittet darin um Integration in Bewusstsein und Leben des jungen Menschen. Die Gottheiten der Töchter- und Söhnegeneration mit Einbeziehung von Hekate erscheinen auch in den Träumen der Jugendlichen sehr unterschiedlich, die Vatertochter Athene ganz anders als die naturverbundene Jägerin Artemis und der Lichtgott Apollon geradezu gegensätzlich zum blutrünstigen Kämpfer Ares.

In den inneren Erlebnissen der jungen Träumer weist Hekate auf die Schätze der Unterwelt hin; Hermes und Dionysos beziehen sich darin auf die Ambivalenz des Lebens, dessen positive Seite als Reichtum an Entwicklungschancen es zu entdecken gilt. Diese und andere Götterfiguren raten durch ihr Verhalten oder ihre Aussprüche dem träumenden Ich immer wieder, die polar entgegengesetzten Prinzipien der Triebwelt und der Realität in sich zu vereinigen und dadurch seine Persönlichkeit zur Heil- und Ganzwerdung zu führen.

Die Grundeinstellung der beiden Therapeutinnen ist im Verlauf der Traumdeutungen von Einfühlungsvermögen, Klarheit und Geduld geprägt. Sie setzen bei den Besprechungen vor allem auf ihre Erfahrung und Intuition und lassen sich auch nicht entmutigen, wenn die Patienten ihnen massive Widerstände entgegenbringen. Bei Überheblichkeit und Abwertung ihrer Personen vor allem von männlichen Jugendlichen bleiben sie gelassen, wechseln die Perspektive und versuchen von einer anderen Seite her einen Durchbruch in der Therapie zu erzielen.

Oft gelingt dies; aber gelegentlich muss auch die Behandlung wegen Unvereinbarkeit der Standpunkte abgebrochen werden. So verschweigen die beiden Autorinnen auch Misserfolge nicht und hinterlassen beim Lesen den Eindruck gut geerdeter Menschlichkeit und realistischer Ehrlichkeit. Sie wissen wie Dionysos und Ödipus um den eigenen inneren Schatten, fühlen sich von dieser Basis aus in die zwiespältige Problematik ihrer Patienten ein und versuchen ihnen im Kampf um die persönliche Identität und Integrität therapeutisch beizustehen, so gut sie können.

Insgesamt ist den Verfasserinnen ein gutes Gleichgewicht zwischen mythologischer Theorie und psychotherapeutischer Praxis gelungen, vor allem durch ihre Fähigkeit, das eine in das andere kongenial umzusetzen. Dadurch ist das Buch nicht nur für Fachleute, sondern auch für Laien sehr empfehlenswert, die an einer wirklich durchdringenden und zugleich fundierten Verbindung von Mythologie und Psychotherapie durch tiefenpsychologische Interpretation interessiert sind.

Friedrich Schröder

C. G. Jung
Bilder des Unbewussten
Gestaltungen, Zeichnungen und Skulpturen

Ostfildern: Patmos 2020, 272 S., € 58,00.
ISBN 978-3-8436-1226-5

Das große Interesse am künstlerischen und gestalterischen Werk von C. G. Jung und der Erfolg des *Roten Buches*, das 2009 erschienen ist, ermutigte die *Stiftung der Werke von C. G. Jung*, sich an dieses neue Projekt zu wagen. Es zeigt Bilder und Skulpturen, die C. G. Jung selbst gestaltet hat.

Die Stärke von C. G. Jung (1875-1961) war, dass er den Mut hatte, seinen eigenen Weg zu gehen. Er gab sich der „Individuation" hin, wie er es nannte. Ursprünglich war C. G. Jung Schüler und Mitarbeiter von Sigmund Freud. Auf dem Hintergrund seiner praktischen therapeutischen Tätigkeit und seiner Erkenntnisse darin wandte er sich immer mehr von den Theorien seines Lehrers Freud ab und ging eigenen Forschungen nach. Sein Ziel war, den ganzen Menschen zu sehen, den nichtrationalen Teil, die unbewussten Bilder der Seele aufzunehmen und zu verstehen. Dazu ermutigte er die Patienten, die Aktive Imagination zu üben, was bis heute ein Herzstück der Analytischen Psychologie ist.

Im ersten Kapitel des Buches wird die Auseinandersetzung von C. G. Jung mit der modernen Kunst umschrieben. Jung war 1902 und 1903 in Paris und London und beschäftigte sich mit klassischer Malerei und Bildhauerei von der Antike bis zur Neuzeit und begann auch selbst zu aquarellieren. Er schrieb 1901 von einer kleinen Bildersammlung in seinem Zimmer: „Bei meinem abgeschiedenen und arbeitsreichen Leben [habe ich] ein unsägliches Bedürfnis nach Schönem und Erhabenem; wenn ich den ganzen Tag das Werk der Zerstörung von Seele und Leib vor Augen habe, mich in alle schmerzhaften Gemüter versenken muss, in alle verworrenen, oft grauenhaft verzwickten Gedankengänge einzudringen versucht habe, so brauche ich abends etwas aus dem Stockwerk der Natur." (S. 20) In den 20iger Jahren setzte er sich mit Künstlern der modernen Kunst auseinander.

Im nächsten Kapitel werden Jungs Farbkonzepte im Kontext der Moderne beschrieben. Die psychischen Aspekte der Farben, Goethes Farbenlehre und die Inspiration von Philosophen durch Farben werden dargestellt. Wittgenstein: „Farben regen zum Philosophieren an, vielleicht erklärt das die Leidenschaft Goethes für die Farbenlehre!" (S. 33) Jungs Zugang zu Farben, seine symbolische Interpretation wird gezeigt, ebenso wird sein Weg über Farben zur Alchemie und dann zur Aktiven Imagination hervorragend dargestellt. Als Leser erfahren wir substanzielle Aspekte sowohl über Farben, als auch über Alchemie und die Aktive Imagination. Dazu werden in dem Buch wirklich sehr schöne ausdrucksstarke Bilder gezeigt, in die es sich zu vertiefen lohnt.

In den nächsten Kapiteln werden viele, sehr eindrucksvolle Bilder gezeigt und im anschließenden Text kommentiert. Hier werden Beziehungen zu seiner Biografie hergestellt, die den Psychiater Jung und den Psychotherapeuten Jung in seiner Entwicklung spürbar werden lassen.

Im letzten Kapitel wird Jung als Sammler vorgestellt. Er sammelte auf seinen Reisen Objekte, teilweise bekam er sicherlich manches geschenkt.

Berührend sind Erinnerungen von Jung wie diese: „Im elterlichen Hause, dem Pfarrhaus aus dem 18. Jahrhundert, gab es ein feierliches dunkles Zimmer. Dort standen die guten Möbel, und an den Wänden hingen alte Gemälde. Ich erinnere mich vor allem an ein italienisches Bild, welches David und Goliath darstellte. Es war eine Spiegelkopie aus der Werkstatt des Guido Reni, das Original hängt im Louvre. Wie es in unsere Familie gekommen ist, weiß ich nicht. Noch ein anderes altes Gemälde hing dort [...]; es war ein Basler Landschaftsbild vom Anfang des 19. Jahrhunderts. Oft schlich ich heimlich in den abgelegenen, dunklen Raum und saß stundenlang vor den Bildern, um diese Schönheit anzusehen. Es war ja das einzig Schöne, das ich kannte." (S. 233)

Dieses Buch ist ein sehr, sehr schönes Buch. Die Schönheit, die Jung suchte, ist hier in dem Buch repräsentiert, mit vielen Informationen über Jung und seine Liebe zur Kunst und Malerei. Zudem werden immer wieder die Verbindungen zu seinem theoretischen Werk, sei es die Aktive Imagination, die Archetypenlehre oder der Zugang zur Symbolik, angesprochen.

Dieses Buch ist sehr zu empfehlen und ein Genuss für Körper, Geist und Seele. Es ist zwar mit einem Preis von 58,- Euro nicht geschenkt – aber es ist ein Geschenk!

Margarete Leibig

Walter Hollstein
Das Gären im Volksbauch
Warum die Rechte immer stärker wird

Zürich: NZZ Libro, 2020, 207 S., € 24,90.
ISBN 978-3-03810-477-3,

Walter Hollstein hat ein wertvolles Buch geschrieben. Es ist eine umfassende Bestandsaufnahme gesellschaftlicher Verhältnisse, in welchen die bestehenden Ordnungen erodieren und bisherige Orientierungen nicht mehr hinreichend greifen. Die Folgen sind tiefe Enttäuschungen, Benachteiligungsgefühle, Bitterkeit, Wut und Irrationalismen wie etwa die Corona-Leugnung. Besorgniserregend sei der „Gesamtzustand des Gemeinwesens, das Verschwinden des Vertrauens in Institutionen, Verbände, Politik und Gesellschaft."

Das Buch ist eine soziologische Studie und bringt eine Fülle von gesellschaftlichen Entwicklungen und Missständen ins Bewusstsein bzw in Erinnerung, sodass man in dieser Dichte von Informationen fast verzweifeln könnte. Die Beispiele sind Legion: Zuallererst die Bedrohung der Bewohnbarkeit der Erde durch die Klimaverschlechterung und das Versagen der Politik durch jahrzehntelanges Wegschauen vor den absehbaren Folgen und ungenügendem Willen zu wirklich strukturellen Veränderungen.

Hollstein weist auf die Sprachverzerrungen hin, wenn etwa ein früherer Bundeskanzler Schröder einen „Aufstand der Anständigen" fordert – ein Mann, der sich kurz nach seiner Kanzlerschaft in die Arme der russischen Ölindustrie begeben hat. Woran sollen sich die Menschen bei solchen Vorbildern orientieren? Oder ein weiteres Beispiel, wenn „Sepp Blatter, der jederzeit und allerorten den Ehrenmann mimt und dabei den Weltfußballverband FIFA zu einer Allmachts- und Korruptionszentrale umgebaut hat, vor der sogar jeder Mafioso ehrfürchtig den Hut zieht." Hollstein lässt es an klarer Sprache nicht mangeln.

Aktuell (im Herbst 2020) empfinden es Ungarn und Polen als Zumutung, dass das Kassieren von Milliarden Euro im Rahmen der EU auch noch an die Einhaltung von demokratischen Essentials gebunden sein soll. Das führt zu unerträglichen Disruptionen im Politik- und Demokratieverständnis.

Das Toleranzverständnis der Menschen wird überstrapaziert, wenn es Überlegungen gibt, Weihnachten abzuschaffen, weil ja die muslimischen Mitbürger Weihnachten nicht kennen. Dies sind Angriffe auf das Bedürfnis nach Heimat und Orientierung, wie Hollstein in einem sehr differenzierten Kapitel über äußere und innere Heimat darlegt.

Überhaupt ist es eine Stärke des Buches, die soziologischen und die psychologischen

Zusammenhänge des „Gärens im Volksbauch" zu verbinden. Die Menschen reagieren auf die Verletzung zentraler, – in der Sprache der Analytischen Psychologie: archetypischer – Bedürfnisse wie Gerechtigkeit, Verbundenheit, Resonanz, Sinnhaftigkeit.

Es kann auf Dauer nicht ohne gravierende Folgen gegen den zentralen Wunsch von uns Menschen verstoßen werden, dass wir uns in inneren wie auch äußeren Ordnungen aufgehoben fühlen möchten. Dies geschieht aber durch die zunehmende Entfremdung von Natur und Welt und führt zu struktureller Unsicherheit, die sich einerseits im Rückzug ins Private und Verabschiedung aus der politischen Sphäre äußert (ein Drittel bis zur Hälfte der Bevölkerung verzichten durch ihr Wahlverhalten auf ihr Recht auf politische Mitbestimmung), oder es kommt zu tiefster Verbitterung, Verachtung und Untergrabung demokratischer Strukturen und auch exzessiver Gewalt.

Das Buch zu lesen, war für mich eine Herausforderung, denn es konfrontiert geballt mit einer Fülle von soziologischen Fakten, die dem Gären im Volksbauch zugrunde liegen. Das ist oft in dieser Konzentration und Dichte schwer auszuhalten. Aber was bleibt? Die Anerkennung der Fakten ist nun mal die Voraussetzung für fundierte Änderungsprozesse.

Was kann Zuversicht fördern in solchen Zeiten bedrohter Ordnung? Es geht vor allem um das Wiederbeleben und Wiedererleben von Selbstwirksamkeit, die in dem Ohnmachtsgefühl und Gefühlen des Ausgeliefertseins gegenüber den Verhältnissen so weit zurückgedrängt wurde. Es braucht „die Kraft des Einzelnen als Korrektiv." Dies kann z. B. in gegengesellschaftlichen Projekten erfahren werden, in Genossenschaftsmodellen, Fridays for future, gemeinsamen Projekten zur Ressourcenschonung, in ökologischer Landwirtschaft. Dabei können Erfahrungen von Gemeinsamkeit, von Unterstützung, von Überschaubarkeit, von Solidarität und Resonanz gemacht werden. Letztlich sind dies alles Erfahrungen, die unserem Leben einen Sinn geben.

Wer die Augen nicht verschließen möchte und sich auch zutraut, die Ansammlung von verstörenden Fakten auszuhalten, dem sei dieses Buch empfohlen.

Bernd Leibig

Christian Kessner
**„Swjate su mi twoje hona" –
Heilig sind mir deine Fluren"**
Zum Archetypus des Slawischen in der Lausitz im Osten Deutschlands – Ein Versuch über die vergessenen Anderen.

Troisdorf: Dieter Klein 2020, 191 S., 54 Abb.
€ 28,00. ISBN: 978-3-937907-57-4

Christian Kessner, Nervenarzt und jungianischer Psychoanalytiker in Dresden, Vorsitzender der sächsischen C. G. Jung-Gesellschaft, hat ein liebevolles Buch „zum Archetyp des Slawischen in der Lausitz im Osten Deutschlands" geschrieben.

Er selbst stammt aus dem Südosten der ehemaligen DDR, wo bis heute Sorben als eine kleine slawische Minderheit leben. Er ist von seiner Muttersprache her Deutscher, hat sich aber aus einem tiefen Verbundenheitsgefühl die sorbische Sprache angeeignet.

Das Sorbische als eine ganz eigenständige kulturelle Identität ist ein Thema, das ihn seit 45 Jahren umtreibt, berührt, bewegt und durchdringt. Seine Grundüberzeugung dabei ist, dass die Sorben einen etwas ausgeprägteren Sinn für das Numinose haben als wir „Westler".

Christian Kessner erlebt sich selbst im Spannungsfeld zwischen dem Westlichen und Östlichen, verkörpert durch das Slawische. Es geht ihm darum, „die andere Seite als Teil des eigenen Unbewussten" zu verstehen, also seine eigene slawische Seite zu entdecken und zu würdigen. Er zitiert zustimmend C. G. Jung, der nach seiner Indien-Reise schrieb, „Indien hat mich wie ein Traum berührt". In diesem Sinne kann man sagen, dass Christian Kessner sich von seiner sorbischen Wurzel traumartig berühren lässt, was ihn zu gleichsam herzerwärmenden Einsichten führt. Mit Meister Eckhart empfiehlt er, den Raum der Stille zu betreten und sich offen zu halten für das, was im seelischen Innenraum geschieht, nämlich die Inhalte des kollektiven Unbewussten zu erspüren.

Das slawische, östlich geprägte Unbewusste der Sorben habe einen stärkeren Bezug zur Mythen bildenden Schicht der Seele und neige nicht zu einer im westlichen Denken oft üblichen Überschätzung des rationalen Bewusstseins. Als einen Beleg dafür, der mich besonders interessiert hat, schildert der Autor die Begeisterung unter den Sorben in der Oberlausitz für die vom Grafen Zinzendorf 1722 gegründete pietistische Bewegung. Der Pietismus suchte religiöse Erweckungserlebnisse im Sinne einer Gottesgeburt in der Seele als Ausdruck einer mystischen Erfahrung des Göttlichen.

Christian Kessner spricht anerkennend über Zinzendorf, der sich „dem tragenden archetypischen Grund der Persönlichkeit weit geöffnet" habe. Es soll nicht unerwähnt bleiben, dass C. G. Jung 1910 in einem Brief an Freud die Aufnahme der Arbeit des evangelischen Pfarrers und Psychoanalytikers Oskar Pfister über Zinzendorf, von der er „enthusiasmiert" sei, ins Jahrbuch der Psychoanalyse unbedingt empfiehlt.

Christian Kessner bezieht sich entschieden auf Jungs zentrale Frage, „bist Du auf Unendliches bezogen?" In diesem Kontext ist ihm die Besinnung der Sorben auf ihre spirituelle Wurzel wertvoll.

Bedeutsam finde ich auch, dass der Autor einen klaren Blick auf historisch-gesellschaftliche Entwicklungen wirft. Er schildert, wie die Nazis mit ihrer Ideologie von der „Überlegenheit der germanischen Rasse" die Sorben verfolgt haben. Er erwähnt den sorbischen katholischen Geistlichen Alojs Andricki, der 1943 im KZ Dachau ermordet wurde. Der Autor zitiert auch, was mich beeindruckt hat, Viktor Klemperer, der in seinem berühmt gewordenen Tagebuch schreibt, dass er im Februar 1945 als um sein Leben fürchtender Jude in einem kleinen sorbisch-katholischen Dorf bei Kamenz auf eine Bevölkerung stieß, die „stark antinazistisch" war und ihn wohlwollend aufnahm.

Besonders hervorzuheben an dem auf feinem Kunstdruckpapier gedruckten und reich bebilderten Buch ist, wie liebevoll sich Christian Kessner aus dem Blickwinkel der archetypischen Psychologie C. G. Jungs über die Märchen und Mythen der Sorben beugt. Ohne hier ins Detail gehen zu können, darf gesagt sein, dass hier mancher Schatz gehoben werden kann.

Insgesamt möchte ich dieses mit Herzblut geschriebene Buch, das aus der Diplom-Thesis des Autors zum Abschluss seiner analytischen Ausbildung in Küsnacht hervorgegangen ist, uneingeschränkt empfehlen.

Michael Lindner

Karl-Josef Kuschel
Als ob er horchte
Rainer Maria Rilkes Dialog mit Buddha

Ostfildern: Patmos, 2020, 208 S., € 22.
ISBN: 978-3-8436-1252-4

„Als ob er horchte. Rainer Maria Rilkes Dialog mit Buddha" von Karl-Josef Kuschel, erstmals 2010 veröffentlicht, ist im September 2020 in einer Neuausgabe im Patmos Verlag erschienen. Der Theologe und Literaturkenner Kuschel lädt in diesem Buch dazu ein, über drei Buddha-Gedichte von Rainer Maria Rilke nachzudenken. Es gehört zu den Werken Kuschels, in denen es ihm um das Nachdenken über „Weltreligionen im Spiegel der Weltliteratur" (S. 13) geht.

Zum lebensgeschichtlichen Hintergrund: Rilke steht ab 1902 im Kontakt mit dem französischen Bildhauer Auguste Rodin, lernt bei ihm die Welt der großen Kunst kennen. 1905 wird der Dreißigjährige Sekretär bei Rodin und wohnt in einem kleinen Haus auf dessen Gelände in Meudon. Im Garten befindet sich eine große Buddha-Statue, der Rilke auf seine ganz eigene Weise begegnet, wovon die drei Buddha-Gedichte zeugen, um die es Kuschel geht. Sein Buch beinhaltet auch eine Reihe von Schwarz-Weiß-Fotos, die diese Buddha-Statue sowie den Ort Meudon den Leserinnen und Lesern nahebringen wollen.

In den Anfangskapiteln begibt Kuschel sich auf Spurensuche nach Rilkes Wissen über Buddhismus, vor allem in dessen Briefen, und kommt zu dem Ergebnis: „Rilke schreibt seine Buddha-Gedichte, ohne sich je vorher intellektuell, also religionsgeschichtlich und religionsvergleichend, mit dem Buddhismus auseinandergesetzt zu haben" (S. 42). Als er den Buddha auf dem Gelände Rodins entdeckt, ist Rilke von der Geschlossenheit seiner Gebärde und seiner Schweigsamkeit tief beeindruckt. Spontan ruft er aus: „C'est le centre du monde" (Rilke, S. 70).

In den nächsten Kapiteln beschreibt Kuschel die Entwicklung des Buddhismus vom 1. bis 5. Jahrhundert n. Chr., verdeutlicht anhand des „Parlaments der Religionen der Welt" 1893 in Chicago und der Weltausstellung 1900 in Paris den Zeitgeist um die Jahrhundertwende, der von dem Ideal der „Brüderlichkeit der Religionen" und dem „Geist des weisen und humanen Buddha" (S. 75) geprägt war, und erläutert die Herkunft der Buddha-Statue in Meudon. Die Pariser Weltausstellung 1900 hatte hier eine Schlüsselfunktion, denn sie präsentierte – Ausdruck des Kolonialismus der Zeit – u.a. eine Sammlung von Buddha-Statuen und -Reliefs aus Stein. Rodin, der sich auch mit asiatischer Kunst beschäftigte, war begeistert von ihnen. Er kaufte einige Ausstellungsstücke und ließ sie nach Meudon bringen, darunter die große Figur des Buddha Amitabha, für die er einen kleinen Hügel aufschütten ließ. Diese Skulptur ist es, auf die Rilke beim ersten Anblick mit Ergriffenheit reagiert.

Nach diesen Hintergrundinformationen eröffnen die nächsten Kapitel ein „Nachdenken" über alle drei Buddha-Gedichte mit sich anschließenden reflexiven Vertiefungen.

Kuschel geht es dabei vor allem um die Frage: Was sagt der Buddha? Die Essenz seiner Botschaft ist, dass jeder Mensch Buddha werden kann, dass die Wahrheit des Buddha in sich selbst zu suchen ist, in Stille, in Schweigsamkeit, im Geheimnis des In-sich-Ruhens, in innerer Versenkung. Genau dies stand für Rilke im Widerspruch zum Zeitgeschehen, zum Lärm und zu der Aufgeregtheit der Großstadt Paris. Kuschel resümiert: „Die Buddha-Erfahrung in Meudon wird zur Kontrasterfahrung eines Mannes, der, von Tolstojs ländlichem Russland und Vogelers dörflichem Worpswede kommend, sich in einer Albtraum-Kulisse namens Paris wiederfindet und neu nach einem eigenen ‚Gleichgewicht' sucht" (S. 135f.).

Kuschel beschreibt, wie Rilke in Meudon mit dem Buddha eine Beziehung aufnimmt, „vom Fenster seines Häuschens aus [...], wie zu einer lebendigen Person" (S. 105). Die Buddha-Skulptur ist für ihn „mehr als ein Gebilde aus Stein", sie ist, so Kuschel, „verdichtete geistige Energie, die Schwingungen erzeugt, Beziehungen ermöglicht" (S. 106). Immer wieder tritt Rilke in Dialog mit dem Buddha, schreibt in Briefen von der „fanatischen Schweigsamkeit", der „stillen Zurückhaltung der Figur", sieht in diesem Buddha aber vor allem das „göttliche Gleichgewicht" (Rilke, S. 104). „Die Buddha-Figur hat für Rilke mehr denn je den Charakter einer Epiphanie, einer Erscheinung von etwas, was in der Welt die Welt zugleich transzendiert" (S. 111), so Kuschel. Dies ist der Kontext, in dem das erste Buddha-Gedicht entsteht, das mit den Zeilen beginnt: „Als ob er horchte. Stille: eine Ferne … / Wir halten ein und hören sie nicht mehr" (Rilke, S. 109).

Nach einem Bruch mit Rodin arbeitet Rilke intensiv. Er konzentriert sich ganz auf seine Arbeit als Dichter und Schriftsteller, hat von Rodin dessen Arbeitsethos übernommen: „Man muss arbeiten, nichts als arbeiten. Und man muss Geduld haben" (Rodin, S. 53). Eine

Sammlung neuerer Gedichte entsteht, auf die Kuschel eingeht. Es entwickelt sich die für Rilke so besondere Weise des Wahrnehmens und Anschauens der Dinge, seine Fähigkeit, im „Welteninnenraum" ihr Wesen zu erfassen und all dem in seinen Gedichten Ausdruck zu geben. War es im ersten Gedicht noch das Staunen über die Buddha-Statue, ist im zweiten Buddha-Gedicht die Wirkung des Buddha auf den Pilger im Blick: „Schon von ferne fühlt der fremde scheue / Pilger, wie es golden von ihm träuft" (Rilke, S. 145). Der Goldglanz des Buddha entsteht dabei nicht durch die Opfergaben der Frommen, die im religiösen Betrieb zu den Verehrungsstätten Buddhas kommen, das Gold symbolisiert vielmehr die Ausstrahlung der Vollendung des erwachten Buddha. Der Pilger, so Kuschel, „entdeckt im Fall des Buddha die Sinnlosigkeit des religiösen Normalbetriebs" (S. 148) mit all seinen Opferkulten, wird daran „irre" (Rilke, S. 145).

Im Kapitel „Wie Rilke von Gott redet", als Exkurs eingeschoben vor dem Nachdenken über das dritte Buddha-Gedicht, versucht Kuschel zu umschreiben, welche Gottesbilder und welches Gottesverständnis in Rilkes Werk zu finden sind: Rilke benutze eine „Überfülle von Metaphern ..., die Gott benennen, aber nirgendwo definieren" (S. 151), um auf die „Un-Sagbarkeit Gottes" (S. 152) zu verweisen und – wie es in einem Kommentar heißt – „eine geradezu polemisch-subversive Infragestellung der biblischen Gottesvorstellungen" (Kommentar zu Werke, Bd. 3, S. 150) zu betreiben. Für Kuschel, den Theologen, sind dies „Versuche einer adäquaten Gottesrede jenseits aller Funktionalisierung und Verobjektivierung Gottes" (S. 160). Rilke gebe Gott das zurück, „was er immer gewesen ist: die wirklichste Wirklichkeit im Herzen der Dinge [...], die als Einheit allem zugrunde liegt" (S. 153).

Das dritte Buddha-Gedicht entsteht zwei Jahre nach dem zweiten Gedicht. Auf seinen zahlreichen Reisen, immer auf der Suche nach Unterkunft, ist Rilke nochmals für kurze Zeit in Meudon – das Verhältnis zu Rodin ist wieder geklärt. In diesem dritten Gedicht wird der Buddha nun imaginiert als der Strahlende, zugleich als „Mitte aller Mitten, Kern der Kerne" (Rilke, S. 165). Buddha wird nun direkt angesprochen, gegrüßt, ist Gegenwärtigkeit als göttliche Präsenz. „In Buddha ist das Göttliche ganz frei, ganz befreit" (S. 167), so Kuschel.

Es ist sehr erfreulich, dass dieses kleine, kostbare Buch als Neuausgabe wieder verfügbar ist. Besonders beeindruckend ist, wie der Autor mit seiner profunden Kenntnis von Rilkes Gesamtwerk aufzeigt, welche Entwicklungen es in Rilkes religiösen Bildern und Metaphern gibt. Den drei Buddha-Gedichten kommt dabei eine ganz besondere Bedeutung zu, wie Kuschel betont: „Sie wirken wie ‚Kristallisationskerne' dessen, was man mit Rilke Transzendenz in der Immanenz nennen kann. An ihnen wird anschaulich, worauf es entscheidend für den Menschen ankommt, wenn er sich dem ‚Göttlichen' öffnet" (S. 170).

Was hat es dem Autor selbst gebracht, sich so intensiv auf Rilke einzulassen? „Ich habe gefunden, wonach ich suchte [...]: Wissen ohne Besserwisserei, Weisheit ohne Belehrung, Orientierung ohne Zeigefinger. Kurz: Geist und Schönheit zugleich" (S. 180). Und so kann man mit Karl-Josef Kuschel als Begleiter spirituell in die Tiefe gelangen, an die Grenze vom Sagbaren zum Unsagbaren der Transzendenz, in einer participation mystique mit Rilke. Ein Buch also für stille Stunden, die die Zeit vergessen lassen – zwischen Zeit und Ewigkeit.

Brigitte Dorst

Jörg Rasche
Franziskus und der Sultan
Erzählung

Stuttgart: Opus Magnum 2021, 108 S., € 9,90.
ISBN: 978-3-95612-035-0

Dr. Jörg Rasche ist Arzt und Psychotherapeut, Dozent an den C. G. Jung-Instituten Berlin und Zürich. Für Verdienste um Völkerverständigung erhielt er 2012 das Goldene Ehrenkreuz des Polnischen Verdienstordens.

Pater Steindl-Rast schreibt in seinem Geleitwort zu diesem Buch: „Zu den Voraussetzungen eines Gesprächs gehört ein Wissen um die gegenseitige Geschichte." Augrund dieser Einsicht, rekonstruiert Jörg Rasche ein 1219 historisch belegtes, einzigartig spannendes Ereignis aus der gemeinsamen Geschichte von Muslimen und Christen: Franz von Assisi und der Sultan al-Kamil begegnen einander „Mensch zu Mensch" in einem mutigen Gespräch. Jenseits ihrer Rollen, jenseits religiöser Überzeugungen, werden sie einfach zu Menschen.

Darauf kommt ja letztlich alles an beim Dialog. Jörg Rasche weiß: „Man muss kein Christ sein, um die Menschwerdung des Menschen zu wollen." Zu dieser, unsrer höchsten Aufgabe, kann dieses Buch begeistern. In seiner tiefen Menschlichkeit ist „Franziskus und der Sultan" ein einfallsreicher und fesselnder Beitrag zum interreligiösen Dialog."

Verlagsankündigung

Brigitte Romankiewicz
**Die Göttlichkeit des Irdischen:
Herausforderungen eines neuen
Bewusstseins**

Stuttgart: Opus Magnum 2020, 192 S., € 9,90.
ISBN: 978-3956120343

Dies ist ein Buch gegen die Resignation in einer entheiligten Welt. Es ist in der Hoffnung geschrieben, dass es möglich sein müsste, trotz der immer stärker spürbaren Schatten, welche die Lebensweise der westlichen Menschheit wirft, den Mut nicht sinken zu lassen. Hoffnung, dass das „neue Bewusstsein" für die elementare Verbundenheit von Mensch, Erde und allen Erscheinungen des Kosmos, das vor Jahrzehnten in vielen Menschen, religiösen und nichtreligiösen, Wissenschaftlern und Laien verstärkt aufleuchtete, in vielen Einzelnen weiterlebt und durch sie gestärkt werden kann.

Hoffnung, dass immer mehr Menschen das Göttliche und Geistige in Allem erkennen, in der Lebendigkeit ihrer Mitwelt, in der Schönheit von Erde, Leib, Seele und Geist, so, wie sie uns im nicht manipulierten, unverzweckten Sein begegnen.

Damit verbunden ist der Versuch zu verstehen, welche Haltung, welche Einstellung zu „Mensch, Ding, Erde" (Erich Neumann), zum „Guten" und „Bösen" in der Welt weiterhelfen könnte.

Verlagsankündigung

Kristina Schellinski
Individuation for Adult Replacement Children - Ways of Coming into Being

London: Routledge 2019, 252 S.,
Sprache: Englisch
€ 38,99, Kindle E-Book € 20,52.
ISBN-13-978-1138824881

Das eigene Kind zu verlieren, gehört zu den schmerzvollsten Erfahrungen, die ein Mensch in seinem Leben machen kann. Manche Eltern versuchen die Schwere des Verlusts zu mildern, indem sie ein weiteres Kind zeugen. Doch diese Kompensation kann schwerwiegende Folgen für das nachfolgend Geborene haben: Es wird zum „Ersatzkind". Nach langen Jahren der Forschung zu diesem Thema hat Kristina Schellinski nun ein Buch dazu vorgelegt.

Als „Ersatzkind" bezeichnet die in Küsnacht ausgebildete Jungianerin und Analytikerin nicht nur alle jene Menschen, die empfangen oder gezeugt wurden, um ein Kind oder anderes Familienmitglied zu ersetzen, sondern auch Kinder, die kurz nach einem Verlust geboren wurden und/oder während ihrer Kindheit und Jugend einen verlorenen wichtigen Menschen ersetzen müssen. Es handelt sich, das betont die Autorin, nicht um eine Pathologie, sondern um eine besondere Konstellation (replacement child condition), die sich psychodynamisch auswirkt: Das Leben eines so aufwachsenden Menschen ist überschattet von der Leerstelle, die ein anderer Mensch hinterließ.

Bis zum archetypischen Kern der Thematik arbeitet Schellinski sich analytisch, beschreibend und fühlend vor: Gleichzeitig sind der Archetyp des Lebens und der Archetyp des Todes bereits zu Beginn eines Lebens konstelliert, bevor das individuelle Bewusstsein sich entwickeln kann. So entstehen eine Verschmelzung und Verwirrung der beiden Archetypen, die in der Therapie langsam gelöst werden können und müssen, um voll und ganz Ja zu diesem Leben sagen zu können.

Zentral dabei ist die Ausrichtung auf den Archetyp des Selbst, der jenseits des individuellen Ichs in seinem begrenzten sterblichen Körper liegt. Jede Berührung mit diesem Archetyp, bewusst oder unbewusst, trägt zur Heilung bei. Dass dies eine grundlegende Annahme der Analytischen Psychologie ist, liegt, so Schellinski, auch daran, dass Jungs Konzeption der Individuation von seiner eigenen Ersatzkind-Konstellation beeinflusst wurde.

Facettenreich und anschaulich beschreibt die in Genf lebende Autorin zahlreiche Fallbeispiele aus ihrer eigenen Praxis, die die Vielfalt und Erscheinungsformen dieser besonderen Konstellation nachvollziehbar machen. Und sie legt auch ihren eigenen Prozess offen, als eine selbst von der Thematik Betroffene.

Beschrieben werden die spezifischen Formen von Trauer und Schuld und auch die Folgen für Bindung und Identität: Bindung wird erschwert und gestört, wo ein Mensch nicht in seiner Einzigartigkeit gesehen wird, sondern zumindest teilweise, bewusst oder unbewusst als Ersatz für einen anderen dient. Entsprechend schwierig ist es, die ureigene Identität zu finden, die überlagert ist von den Zuschreibungen dessen, der ersetzt werden soll. Manchmal geschieht dies bereits im Moment der Zeugung – entsprechend tief und unbewusst ist dann die Prägung. Eine Überwindung dieser Problematik ist möglich, wo der Mensch sich in seinem tieferen Selbst erkennen kann, das jenseits der Zuschreibungen liegt.

Das Buch schließt konkrete Handreichungen für die therapeutische Praxis ein, Hinweise zur Gegenübertragung beispielsweise, zur Anamnese, Prävention und transgenerationalen Übertragung.

Lange schon forscht Kristina Schellinski an diesem Thema, sie kennt es zutiefst von innen und außen. Immer wieder hielt sie bewegende Vorträge dazu auf Konferenzen. Die reichen Früchte ihrer Arbeit teilt sie in diesem eindringlichen, engagierten und persönlichen Buch, das letztlich eine für die Therapie wichtige und in diesen Tagen wieder aktuelle Mahnung enthält: wie wichtig es für die psychische Gesundheit eines Familiensystems ist, dass Menschen Raum und Zeit haben, um Verluste in für sie angemessener Form betrauern zu können.

Anka Falk

„Man ist ein psychischer Ablauf, den man nicht beherrscht." (C. G. Jung)   (Foto: Sven Kristian-Wolf, siehe S. 1)

Internationale Gesellschaft für Tiefenpsychologie e. V.

www.igt-lindau.de

Lindauer Herbsttagung vom Sonntag 31.10. bis Donnerstag 04.11.2021

Leibhaftigkeit – Von Genuss, Vergänglichkeit und Vitalität

Die igt fördert mit ihrer alljährlichen Herbsttagung den interdisziplinären Diskurs und gibt den Teilnehmenden Gelegenheit, sich mit bewussten und noch unbewussten Aspekten aktueller Themen auseinanderzusetzen. Die Referentinnen und Referenten der Vormittagsvorträge werden aus Bereichen der Psychologie, der Medizin, der Theologie, der Philosophie, der Literatur und anderen Geisteswissenschaften eingeladen. Die Arbeitsgruppen an den Nachmittagen dienen der Vertiefung und der Selbsterfahrung.

Das Programm kann ab Frühsommer 2021 über die Webseite der igt heruntergeladen oder bei der Geschäftsstelle angefordert werden.

Kontakt: Internationale Gesellschaft für Tiefenpsychologie e.V. www.igt-lindau.de
Postfach 701080 - 81310 München
Telefon: +49-89-12417451 Fax: +49-3212-1462485
E-Mail: info@igt-lindau.de • www.igt-lindau.de

Bitte beachten!

Die C. G. Jung-Gesellschaften haben viele ihrer öffentlichen Veranstaltungen wegen der Corona-Krise im Frühjahr 2021 nicht ganz sicher planen können. Bei manchen Veranstaltern haben sich Möglichkeiten zu kleinen Präsenz-Veranstaltungen wie auch zu Video-Seminaren ergeben.

Bitte informieren Sie sich vorher immer über den jeweiligen aktuellen Stand anhand der angegebenen Homepages der Institute und Gesellschaften.

Berlin: www.jungberlin.de

Bodensee: www.jungbodensee.de

Frankfurt: E-Mail: verst@t-online.de

Freiburg: www.cgjung-freiburg.de

Hannover: E-Mail: cgjunggesellschaft.hannover@web.de

Zürch / Küsnacht: www.junginstitut.ch

C. G. Jung-Gesellschaft Köln e.V.

Kartäuserwall 24b, 50678 Köln
Weitere Infos und kurzfristige Änderungen: www.cgjung.org
Veranstaltungsort: Köln-Süd, Melanchthon-Akademie
Kartäuserwall 24b, 50678 Köln

16.04.2021, 18.00-20.00 Uhr
Vortrag Dieter Schnocks
Schlüssel zum Traumverstehen

17.04.2021, 10.00-13.00 Uhr
Seminar Dieter Schnocks
Fragen an unsere Träume-vor dem Hintergrund der Traumtheorie C. G. Jungs

24.04.2021, 10.00-17.00 Uhr
Seminar Dr. med. Matthias Gabriel und Thomas Schwind
Kölner Arbeitskreis für Philosophie und Analytische Psychologie

07.05.2021, 18.00-20.00 Uhr
Vortrag Dr. Konstantin Rößler
Heilung und Unheilbarkeit-Medizin zwischen Technik, Heilkunst, Geld und Gnade

08.05.2021, 10.00-13.30 Uhr
Seminar Joachim Raack
Tavistock Lectures: Vorlesungen zur Einführung in die Analytische Psychologie

08.05.2021, 10.00-13.00 Uhr
Seminar Dr. Konstantin Rößler
Verwundung und Heilung

13.05.-16.05.2021, 16.00-13.00 Uhr
Reise Prof. Dr. Brigitte Dorst
Meeresgrund und Horizont
Klappholttal, Sylt

04.06.2021, 18.00-20.00 Uhr
Vortrag
Dr. Marianne Meister-Notter
Introversion und Extraversion
05.06.2021, 10.00-13.00 Uhr
Seminar
Dr. Marianne Meister-Notter
Introversion und Extraversion

10.06.-13.06.2021, 16.00-13.00 Uhr
Reise
Dr. Marascha Daniela Heisig
„Im Rad des Lebens"
Klappholttal, Sylt

11.06.-13.06.2021, 16.00-13.00 Uhr
Reise Dr. Herta Wegner
Mein innerer Baum
Hof Kuppen, Halscheid

12.06.2021, 10.00-18.00 Uhr
Seminar Cornelia Ehrlich
Vom Atem der Seele

12.06.2021, 10.00-16.00 Uhr
Seminar Ursula Brasch
Wer sind Animus und Anima?

24.06.-27.06.2021, 14.00-13.00 Uhr
Reise Dr. Ursula Arlart
„Ach in der Kindheit, Gott: wie warst du leicht" (Rilke)
Kloster Roggenburg, Roggenburg

25.06.2021, 18.00-20.00 Uhr
Vortrag Prof. Dr. Ingrid Riedel
Was jetzt für uns wichtig ist. Der Dialog der Generationen miteinander

26.06.2021, 10.00-18.00 Uhr
Seminar Cornelia Ehrlich
Erich Neumann: „Die Große Mutter"

03.07.2021, 10.00-18.00 Uhr
Seminar Dres. med. Susanne und Matthias Gabriel und Dr. Gabriele Reifenrath
Das östliche und das westliche Selbst

C. G. Jung-Institut München

Rosenheimer Str. 1/II
Müllersches Volksbad
81667 München
Tel. 089 271 40 50
Fax 089 288 093 60
info@jung-institut-muenchen.de
Weitere Infos und kurzfristige Änderungen:
www.jung-institut-muenchen.de

Zertifizierte Fortbildungen
Fortbildungen für approbierte Ärzt*innen sowie Psychologische Psychotherapeut*innen und Kinder- und Jugendlichentherapeut*innen

14.04.2021, 18.15-21.15 Uhr
Seminar
Prof. Dr. Eckhard Frick
Wie kommen Psyche und Soma zusammen?
Eine jungianische Perspektive
Online-Seminar über Zoom
Kostenbeitrag: 40 Euro

12.05.2021, 18.15-21.15 Uhr
Seminar
Dipl. Psych. Volker Münch
Der narzisstische Patient und seine Behandlung in Einzel- und Gruppensetting.
Präsenzveranstaltung
Kostenbeitrag: 40 Euro

16.06.2021, 18.15-21.15 Uhr
Seminar
Dr. Dipl.-Psych. Juliane Kärcher
Märchen in der Analytischen Psychologie C. G. Jungs
Online-Seminar über Zoom
Kostenbeitrag: 40 Euro

14.07.2021, 18.15 bis 21.15 Uhr
Seminar
Dipl. Psych. Benjamin Bettenbrock
Der Gegenübertragungstraum im analytischen Prozess
Präsenzveranstaltung
Psychotraumatologisches Kostenbeitrag: 40 Euro

C. G. Jung-Gesellschaft Sachsen e.V.

Kontakt über:
www.cgjung-sachsen.de
Veranstaltungsort:
Siehe Internet

Beginn: Januar 2021
Ausbildung in Sandspiel-Therapie nach Dora Kalff
Fachliche Leitung:
Dr. Jörg Rasche, Berlin
Organisatorische Leitung: Arndt Sterba, Freiberg
Einige Plätz sind noch frei.
Näheres auf unserer Webseite

11.01., 01.03., 03.05., 05.07.
06.09., 01.11.2021,
jeweils 18.00-21.00 Uhr
Fachl. Leitung: Christian Kessner
Psychologischer Lesekreis „C. G. Jung"
Veranstaltungsort: Dresden
Alle Abende sind auch als Einzelveranstaltung buchbar

C. G. Jung-Gesellschaft Stuttgart e.V.

70178 Stuttgart
Kontakt und Anmeldung:
Tel. 0711 51 87 23 65
gesellschaft@cgjung-stuttgart.de
www.cgjung-stuttgart.de
Veranstaltungsort:
Tübinger Str. 21, 70178

19.04.2021
Vortrag Brigitte Dorst
Freiheit und Bindung im Alter - Der Mythos von Philemon und Baucis

1.06.2021 ab 09.30 Uhr
Symposium Seelensprache - Bildersprache
Mit: Prof. Dr. Verena Kast, Stephanie Nahler, Prof. Doris Titze
Einführung und Moderation:
Dr. Konstantin Rößler,

02.07.2020
Vortrag Dr. Rose Ahlheim
Biographische Verstrickungen
Transgenerationale Weitergabe von Erziehungshaltungen und Erziehungsmethoden
In Kooperation mit dem Moreno Institut Stuttgart

ISAP Zurich

Internationales Seminar für Analytische Psychologie Zürich
Stampfenbachstraße 115
CH-8006 Zürich
Tel +41 (0)43 344 00 66
office@isapzurich.com
www.isapzurich.com
office@isapzurich.com

04.05.2021, 18.30-20.30 Uhr
(Fünf zweistündige Sitzungen, jeweils dienstags)
Lucienne Marguerat, lic. phil.
Schöpferische Arbeit an den eigenen Träumen
Voranmeldung erforderlich bis 13.04.2021

Psychologische Gesellschaft Basel

info@psychologische-gesellschaft-basel.ch
www.psychologische-gesellschaft-basel.ch

MONATSVORTRÄGE
Katholisches Studentenhaus
Herbergsgasse 7,
CH-4051 Basel,
falls nichts anderes angegeben

26.04.2021, 20.00 Uhr
Vortrag Barbara Gollwitzer
Trauma und Schatten

08.05.2021, 09.30 -12.30 Uhr
Seminar Dr. Annalisa Stefanelli
Vom Umgang mit der Digitalisierung

31.05.2021, 20.00 Uhr
Vortrag Prof. Dr. Amador Vega
Der Schatten in der Religion

28.06.2021, 20.00 Uhr
Vortrag Gidon Horowitz
Der Schatten im Märchen

27.09.2021, 20.00 Uhr
Vortrag Dr. Renate Daniel
Ist der Schatten noch aktuell?

25.10.2021, 20.00
Vortrag Dr. Ursula Lenz Bücker
**Die Menschen lügen. Alle.
(Ps. 116.11)
Erkundungen im Grenzgebiet von Lüge und Wahrheit**

veranstaltungen

Bisher erschienen:

Heft 20	Stirb und Werde	2008	ISBN 978-3-939322-19-1
Heft 21	Mythos Kind	2009	ISBN 978-3-939322-21-4
Heft 22	Um Himmels Willen	2009	ISBN 978-3-939322-22-1
Heft 23	Die Welt spielt	2010	ISBN 978-3-939322-23-8
Heft 24	Was für ein Glück!	2010	ISBN 978-3-939322-24-5
Heft 25	Geheimnis Nacht	2011	ISBN 978-3-939322-25-2
Heft 26	Woher kommt die Zukunft?	2011	ISBN 978-3-939322-26-9
Heft 27	Weisheit	2012	ISBN 978-3-939322-27-6
Heft 28	Macht: Faszination u. Tabu	2012	ISBN 978-3-939322-28-3
Heft 29	Die Lachnummer	2013	ISBN 978-3-939322-29-0
Heft 30	Geld	2013	ISBN 978-3-939322-30-6
Heft 31	Liebeszauber	2014	ISBN 978-3-939322-31-3
Heft 32	Dem Bösen auf der Spur	2014	ISBN 978-3-939322-32-0
Heft 33	Musik - Klang der Seele	2015	ISBN 978-3-939322-33-7
Heft 34	Eros und Sexualität	2015	ISBN 978-3-939322-34-4
Heft 35	Das Schöpferische	2016	ISBN 978-3-939322-35-1
Heft 36	Gehirn und Seele	2016	ISBN 978-3-939322-36-8
Heft 37	Visionen	2017	ISBN 978-3-939322-37-5
Heft 38	Essensausgabe	2017	ISBN 978-3-939322-38-2
Heft 39	Lüge und Wahrheit	2018	ISBN 978-3-939322-39-9
Heft 40	Träume	2018	ISBN 978-3-939322-40-5
Heft 41	Bewegtes Leben	2019	ISBN 978-3-939322-41-2
Heft 42	Individuation	2019	ISBN 978-3-939322-42-9
Heft 43	Berührungen	2020	ISBN 978-3-939322-43-6
Heft 44	Imagination	2020	ISBN 978-3-939322-44-3
Heft 45	Bedrohte Ordnungen	2021	ISBN 978-3-939322-45-0

Impressum

Jung-Journal – Forum für Analytische Psychologie und Lebenskultur
Jahrgang 24, Heft 45, April 2021
ISSN: 1867-4690
ISBN: 978-3-939322-45-0

Halbjährliches Erscheinen April und Oktober.
Ein Jahresabonnement mit 2 Heften kostet z. Zt. € 15,- incl. Versandkosten.
Ein Jahresabonnement mit 2 Heften als PDF-Datei z. Zt. € 10,-
Bestellungen über:
Internet: www.jung-journal.de
E-Mail: mail@jung-journal.de
Postadresse: opus magnum - Hirsauer Str. 39 - 70569 Stuttgart
Bankverbindung: opus magnum
IBAN: DE60 6001 0070 0570 3447 02
BIC: PBNKDEFF

Redaktion
Prof. Dr. Lutz Müller, Anette Müller, Margarete Leibig, Bernd Leibig, Dieter Volk

Layout: Barbara Fischer, Lutz Müller
Lektorat: Sabine Gottmann
Texte zwischen den Artikeln:
Lutz Müller, Anette Müller

Druck: Kohlhammer Stuttgart
Verlag: opus-magnum
www.opus-magnum.de
Webmaster: Walter Fleritsch

Bildnachweise: Wenn nicht anders angegeben, stammen alle Abbildungen aus lizenzfreien Quellen des Internet oder aus Privatbesitz. Titelbild: Zacarias da Mata, Windy Coast AdobeStock 48699362

Die Inhalte der Artikel geben nicht unbedingt die Meinung der Redaktion wieder.

Geplante Themen
Heft 46, Oktober 2021, Arbeitstitel: „Vom Teufel geritten. Komplexe und ihre Wirkung."
Heft 47, April 2022: „Was soll das bedeuten?"